장사의 철학

상인들의 스승이
전하는 10계명

장사의 철학

야나이 다다시 추천사
사사이 기요노리 지음 — 김정환 옮김

한국경제신문

돈을 벌기 위해 장사하면
돈을 벌지 못한다

고객이라는 이름의 친구를 만들어라

"가게는 손님을 위해 존재한다."

내가 가장 좋아하는 말이자 내게 가장 큰 영향을 끼친 말이다. 순도 높은 결정 같은 이 말을 처음 접한 건 내가 1984년에 유니클로를 창업하기 전이었다. 젊은 시절 잡지《상업계(商業界)》를 읽다가 발견한 구라모토 조지(倉本長治)의 이 말은 장사하는 사람이라면 누구나 알고 있을지 모른다. '고객제일주의'라고 표현하는 사람도 있다.

그러나 이 말을 표면적으로만 이해한 사람은 어려운 상황에 처하는 순간 이 말을 잊고 자신을 위한 장사를 한다. "가게는 손님을 위해 존재한다"라는 말을 뻔한 소리라면서 대수롭지 않게 여기고 무시하는 경영자가 많다.

그러나 이 말은 멋져 보이려고 늘어놓는 미사여구도 아니고, 듣기 좋으라고 내거는 슬로건도 아니다. 경영의 모든 면에서 이를 철저히 추구하겠다는 각오와 실천의 결의를 나타내는 말이다. 이 지극히 단순한 말 속에는 장사의 원리원칙이 전부 담겨 있다. 그리고 장사의 원리원칙은 어느 시대나 같다.

월마트 창업자 샘 월턴은 이런 말을 했다.

"소매업의 성공 비결은 고객이 바라는 바를 제공하는 것이다. 누구나 고객의 처지가 된다면 최선의 것을 제공받고 싶어 한다."

이 또한 표현만 다를 뿐 같은 말이다. 세계 최대의 소매기업을 만든 월턴은 어떤 기업이든 진리는 하나임을 실천을 통해서 보여줬다. 나 역시 처음 장사를 시작할 때부터 "가게는 손님을 위해 존재한다"라는 말을 경영의 근본으로 삼았다.

소매업은 누구나 할 수 있는 간단한 일이라는 인식이 오래전부터 있었다. 최근에도 그런 선입견이 있는 듯하다. 요즘은 가급적 재고를 보유하지 않는 장사를 찾는다던데, 그런 장사로 돈을 벌 수 있을 리가 없다. 다들 IT나 인터넷 쪽에만 주목하고, 상장하면 즉시 펀드에 경영권을 팔아버린다. 나는 그래서는 안 된다고 생각한다.

돈을 벌 목적으로 장사를 하면 절대 돈을 벌지 못한다. 돈이 목적인 사람을 응원하며 돈을 벌게 해주려는 사람은 이 세상에 없다. 타인에게 기쁨을 주고자 마음을 다할 때 그 결과로 돈이 따라

온다. 결국 응원해 주는 사람을 얼마나 만들 수 있느냐가 중요하다. 구라모토 조지는 이를 "고객이라는 이름의 친구를 만들어라"라는 말로 표현했다.

가게는 손님을 위해 존재하고 직원과 함께 번창한다

1994년, 회사 상장 후 얼마 지나지 않았을 때다. 《상업계》의 기획으로 이온그룹 창업자 오카다 다쿠야와 대담을 나눴다. 이때 "가게는 손님을 위해 존재한다" 뒤에 "직원과 함께 번창한다"가 이어진다는 것을 배웠고, 훗날 "점주와 함께 망한다"로 마무리됨을 알게 됐다.

"가게는 손님을 위해 존재하며, 직원과 함께 번창하고, 점주와 함께 망한다."

이 말에서 나는 기업에 가장 중요한 '영속성'의 본질을 발견했다. 그래서 집무실 벽에 "가게는 손님을 위해 존재하며, 직원과 함께 번창한다"라는 문구를 걸어놓았다. 지금까지 이 문구를 보면서 수없이 용기를 얻고 '아, 기업이란 이런 곳이구나'라고 깨달아왔다. 물론 "점주와 함께 망한다"라는 말도 나 자신에 대한 경계로서 항상 마음속에 품고 있다.

경영자란 한 마디로 '성과를 내는 사람'이다. 그리고 성과란 약속을 실현하는 일이다. 경영자는 성과를 낼 때 비로소 고객, 사회, 주식 시장, 직원의 신뢰를 얻으며, 기업은 존속을 허락받는다. 경영자가 약속을 제대로 지키지 않으면 기업은 허무하게 망하고 만다.

그리고 경영의 목적은 '고객'이라고 불리는 팬을 늘리는 일이다. 내가 인생을 바쳐서 추구해 온 것이기도 하다. 그래서 우리 회사는 가치관으로서 "고객의 입장에 선다", 행동규범으로서 "모든 활동은 고객을 위해서 한다"를 내걸고 있다. 기업이념인 "옷을 바꾸고 상식을 바꾸고 세상을 바꾼다"는 내게 "가게는 손님을 위해 존재한다"의 실천이다.

가게는 경영자를 위해 존재하는 것도, 직원을 위해 존재하는 것도, 주주를 위해 존재하는 것도 아니다. 가게는 고객을 위해 존재한다. 고객에게 도움이 되지 않는다면 다른 어떤 사람에게 도움이 된들 그 가게는 존재할 의미가 없다. 고객을 위해 최선을 다할 때 성과를 만들어서 결과적으로 주주와 직원, 그리고 경영자까지도 행복해지는 게 아닐까? 이것이 내 생각이다.

애초에 고객을 위하지 않는 가게는 필연적으로 사회에서 도태된다. 고객에게 웃음을 주는 부가가치를 만들어내지 않고서는 살아남지 못한다.

그런 까닭에 우리 회사는 소매업을 뛰어넘어 고객을 위해 변화하고자 도전을 거듭하고 있다. 그러려면 전 세계의 정보를 모으고 고객의 요구에 귀 기울여 빠르게 상품화해야 한다. 패스트 리테일링(유니클로의 모회사―옮긴이)이라는 회사명은 바로 그런 의미다.

우리는 세계의 그 누구도 하고 있지 않은, 동시에 사회적으로 의미 있는 일을 하는 회사가 되고자 한다. 사회를 더욱 좋게 만들고 고객에게 도움이 돼야 한다는 장사의 본질을 잊지 않고자 한다. 꿈과 비전, 열의를 품고 일하고자 한다.

세상을 바꾸고 싶다면 내가 먼저 바뀌어야 한다. 세상은 저절로 변하지 않는다. 나는 용기를 내서 기존의 성공을 버려왔다. 우리는 항상 현재의 성공을 버리고 미래와 마주하려 한다. 이때 미래를 가리키는 나침반이 바로 "가게는 손님을 위해 존재한다"라는 원칙이 아닐까?

그리고 "직원과 함께 번창한다"의 의미는 직원이 사명감을 품고 활기차게 일할 수 있도록 하는 것이다. 경영자 한 명이 아무리 유능한들 할 수 있는 일에는 한계가 있다. 가령 매일 찾아오는 고객을 전부 응대하기는 불가능하다. 경영은 팀을 이뤄서 하는 일이다.

내 머리로 궁리해서 내 손으로 실행하는 것이 장사의 참맛이다. 이렇게 생각하는 사람이 본부에도 점포에도 있어서, 서로 토론하며 점포를 운영해 나간다. 이 상승효과가 작용하지 않는 한 고객을 위한 장사는 불가능하다. 장사의 참맛을 느끼며 성장하길 바란다. 그것이 '직원과 함께 번창하는' 일이라고 생각한다.

인간은 실패하지 않으면 성장하지 못한다. 그러니 몇 번이고 실패하자. 그 경험을 통해서 배우고 성장하자. 실패를 두려워하지 말자. 실패가 아니라 아무것도 하지 않는 것을 두려워해야 한다.

고객의 엄격한 눈으로 스스로를 바라보라

"마치 오늘 죽을 사람처럼 당신의 모든 생각과 행동을 정리해야
한다."

역시 구라모토 조지의 말이다. 우리 같은 소매업은 매일의 축적
이 중요하다. 가게 문을 여는 순간 '매일'이 찾아온다. 매일을 소
중히 여기고 눈앞의 고객을 소중히 여기는 것이 장사의 기본이
다. 그렇게 하지 못하면 미래는 찾아오지 않는다. 매일을 충실히
보낼 때 비로소 미래가 찾아오며, 눈앞에 있는 고객의 웃음 속에
이상적인 미래로 이어지는 길이 있다. 오늘 죽을 각오로 최선을
다해서 오늘을 산다. "가게는 손님을 위해 존재한다"라는 말은
바로 그런 뜻이 아닐까?

구라모토 조지의 친구인 경영 지도자 신보 다미하치는 이런
말을 남겼다.

"올바른 일을 한 까닭에 가게가 망한다면 망해도 된다. (하지만 그
런 가게는) 절대 망하지 않는다."

나 역시 진정으로 좋은 옷이란 무엇일지 끊임없이 궁리하고,
그런 옷을 만들어 전 세계 사람들에게 기쁨을 주고 싶었다. 그래
서 여러 측면에서 '올바름'에 집착하며 장사를 해왔다.

아무 노력 없이 편하게 돈을 벌 수 있는 장사는 존재하지 않는

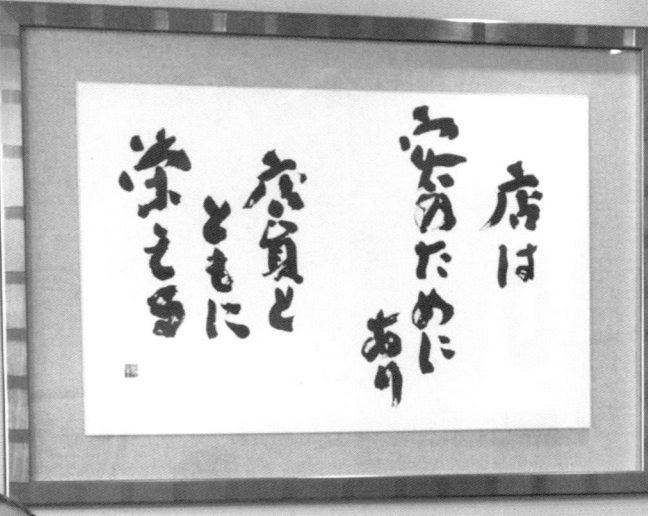

유니클로 창업자 야나이 다다시의 집
무실 벽에는 "가게는 손님을 위해 존재
하며, 직원과 함께 번창한다"라는 문구
가 적힌 액자가 걸려 있다.

다. 특히 소매업은 가게를 열면 저절로 상품이 팔리는 간단한 장사가 아니다. 고객이 계속 가게를 찾도록, 완성된 회사·브랜드·점포·상품·직원에 한 발이라도 더 가까워질 수 있도록 꾸준히 노력해야 한다. 그렇기에 그 행위의 근본인 올바름이 필요하다. 올바름을 향한 신념이 사람을 강하게 만들고, 그 인간적인 강함이 씩씩하게 장사할 수 있도록 해준다.

신보 다미하치의 말은 "오래돼서 낡은 것은 망하고, 새로 나와서 새로운 것 또한 망한다. 오래됐으면서도 새로운 것만이 영원히 망하지 않는다"로 이어진다. 아무리 번창하던 기업도 혁신을 게을리하면 망한다. 역사가 증명하는 사실이다. 장사는 시대와 함께 변화해야 한다. 역사 깊은 가게는 시대와 함께 혁신해왔기에 그토록 오래 살아남았다.

어느 정도의 규모로 사업을 하다 보면 사업을 지키려고 보수적으로 바뀌는데, 그런 곳은 전부 망했다. 고객의 니즈나 라이프스타일은 끊임없이 변화하며 앞으로는 더욱 변화가 심해질 것이다. 그러니 현재의 상태를 고집해서는 살아남을 수 없다.

그러나 아무리 혁신적이라 한들 오래전부터 이어져 내려오는 원리원칙을 무시하는 가게 또한 망한다. "가게는 손님을 위해 존재한다"가 그 원리원칙이다. 원리원칙에 따라 혁신을 거듭하는 기업만이 영원불멸할 수 있다. 우리 회사의 지향점도 이것이다.

고객은 엄격한 존재다. 무언가를 한 번 경험하면 그것을 기준으로 삼는다. 그러고 다음부터는 그 기준 이상을 요구한다. 그렇게 거듭되는 요구에 맞춰가는 것이 장사다. 장사는 매일 고객의 투표를 받는 것과 같다. 고객에게 도움이 되고자 궁리하고 활동하지 않는 기업에 고객이 표를 줄 리 없다.

그러므로 우리는 손님의 가장 엄격한 눈으로 자신을 봐야 한다. 매일 손님의 시선으로 자신의 가게를, 자신이 하는 일을 바라봐야 한다. 가게에 조명은 제대로 들어오는지, 오래전 포스터가 계속 붙어 있진 않은지, 진열은 똑바로 돼 있는지…… 나 자신도 그래왔고, 직원들에게도 그렇게 하도록 주문한다. 그리고 정말로 고객을 위해 행동하고 있는지 자문자답한다. 그러지 않으면 훌륭한 아이디어는 탄생하지 않기 때문이다.

내가 생각하는, 직원과 함께 번창한다는 것

아쉽게도 나는 구라모토 조지를 만난 적이 없다. 그러나 그가 남긴 책을 통해 그가 애정이 깊고 교양이 뛰어난 인물이었음을 안다. 이 책에 수록된 그의 한 마디 한 마디는 마치 시처럼 말의 결정체라고 부르기에 손색이 없다. 세월을 이기는 영원한 말의 힘이 느껴진다. 그렇기에 성경의 금언처럼 오랫동안 많은 사람에게 계승돼 온 것이리라. 그가 남긴 말을 최대한 많은 사람에게 읽히고 싶다. 내가 이 책의 해설을 쓰는 이유다.

나는 매년 초 전 직원에게 '새해 포부'를 발표한다. 내가 경험

한 것, 배운 것, 생각한 것을 적고 그 해의 신조를 밝히며 결의를 표명한다. 2009년에는 '글로벌 원·전원 경영' 신조를 밝혔다. 세계 시장에서 유일무이한 존재가 되기 위해 패스트리테일링 그룹의 모든 사업을 세계에서 가장 좋은 방법으로 경영한다는 의미다. 그러려면 전원 경영, 즉 모든 직원이 '내가 경영자'라는 마음으로 일해야 한다. 바로 이것이 직원과 함께 번창한다는 의미다. 우리의 도전은 앞으로도 계속될 것이다.

그리고 포부의 마지막에 내가 가장 좋아하는 말을 적었다. 여러분에게도 다시 한 번 이 말을 선물하고자 한다.

"가게는 손님을 위해 존재하며, 직원과 함께 번창하고, 주인과 함께 사라진다."

이 담담한 말 속에 장사의 진리가 담겨 있다.

유니클로 창업자 야나이 다다시

살아남은 자의
조건

강한 자가 아니라 변화하는 자가 살아남는다

인구 감소, 저출산, 고령화, 인구의 도시 집중과 지방의 과소화, 세계적인 이상 기후, 실제와 가상의 융합, 인공지능 사회의 도래, 새로운 바이러스 감염증의 확대……. 우리를 둘러싼 사회와 경제 환경은 정신없이 변화를 거듭하고 있다. 변하지 않는 것은 변화가 계속되리라는 사실뿐이다.

변화는 모든 사람에게 변화할 것을 요구하며, 변화하지 못하는 사람을 퇴장시킨다. 아무리 크고 강한 존재도 영원하리라는 보장이 없다. 과거 지구를 지배했던 거대한 공룡은 운석의 낙하로 멸종한 반면, 작고 약한 포유류는 자신을 변화시킴으로써 변화에 대응했다.

다윈의 진화론을 들먹일 필요도 없이, 살아남는 것은 강한 자도 영리한 자도 아닌 변화하는 자다. 변화에 막연히 휩쓸리는 게 아니라, 자신을 변혁하는 것이 미래의 번영을 위한 열쇠다.

그렇다면 변화에 대응하기 위해 가장 중요한 것은 무엇일까? 바로 '존재 방식'이다. 존재 방식은 원하는 미래를 향한 길을 제시하며, 행동의 축이 된다. 뜻(志)이라고 표현해도 좋다. 환경이나 방식이 어떻게 바뀌든, 존재 방식만 흔들리지 않는다면 변화를 성장의 기회로 삼을 수 있다.

지금까지 일본 경제에도 때때로 변화의 물결이 찾아왔다. 제 2차 세계대전의 패배로 국토가 황폐화되고 거리에 포화의 잔불이 남아 있던 시기도 그중 하나였다. 전쟁에서 살아남은 상인들은 생활에 필요한 물자들을 긁어모아 잿더미 위에 지은 '가게'라는 이름의 작은 움막에 늘어놓고 돈과 바꿨다. 제2차 세계대전 이후의 상업은 여기서 시작됐다.

그들에게 가게는 살아남기 위한 수단이었고 장사는 오로지 자신의 이익을 위한 행위였다. 그런 까닭에 불법적인 암거래가 횡행했으며, 가격은 상대의 주머니 사정과 절박함에 따라 결정됐다. 일부 상인은 얼마나 손님을 잘 속이느냐를 장사 실력의 기준으로 삼았다.

많은 상인이 장사란 그런 거라고 믿고 작위적인 웃음을 띤 얼굴로 굽실거렸다. 그렇게 거짓 섞인 설명으로 손님에게서 얼마 안 되는 돈을 빼앗으려 했다. 그들은 자신이 평생에 걸쳐 나아가

장사의 철학

야 할 길을 찾지 못하고 있었다.

"가게는 손님을 위해 존재한다."

그런 상인들에게 이렇게 호소하고, 도시락을 싸 들고 전국 각지를 돌아다니며 상업의 올바른 길을 설파한 사내가 있었다. 19세기 말엽 에도 시대부터 이어져 내려온 과자가게 집안에서 태어나, 제2차 세계대전 이전부터 경영 지도자이자 출판인으로서 상업을 발전시키고 상인을 육성하는 데 온 힘을 다했던 이 책의 주인공 구라모토 조지다. 당시의 구라모토를 아는 한 상인은 "앞이 보이지 않는 어두운 시대였지만, 그의 이야기에서만큼은 어둠이 보이지 않았다"라고 말했다.

그 후 뜻을 함께하는 이들이 설립한 '상업계'라는 출판사에서 주간(主幹)이 된 그는 상인들에게 직접 이야기하기 위해 '상업계 세미나'를 주최했다. 그렇게 많은 상인에게 나아가야 할 길을 제시하고, 격려했으며, 이끌었다. 그 결과 어떤 이는 세계로 진출한 체인스토어를 키워냈고, 어떤 이는 지금도 작은 마을에서 서민의 생활을 지탱하는 장사를 계속하고 있다.

구라모토를 빼고는 제2차 세계대전 이후 일본의 상업을 이야기할 수 없다. 그래서 사람들은 그를 '일본 상업의 아버지' 혹은 '쇼와 시대의 이시다 바이칸'이라고 불렀다(이시다 바이칸은 일본에서 도덕과 경제의 양립을 처음으로 제창한 에도 시대의 사상가다-옮긴이). 그는 80여 년을 살면서 방대한 저서를 남겼고 수많은 강연을 했다. 그의 가르침을 한 문장으로 표현한다면 다음과 같다.

"가게는 손님을 위해 존재하며, 직원과 함께 번창하고, 주인과 함께 사라진다."

첫 번째 "가게는 손님을 위해 존재한다"는 상업의 기본 정신이자 근본적인 사명이다. 그는 이를 자기 사상의 중심에 뒀다. 관련된 사람들의 생활을 지키고 사회와 문화의 발전에 공헌할 때, 상업은 비로소 사명을 다했다고 말할 수 있다.

후세 사람들은 이를 고객제일주의라고 표현했다. 지금은 업종과 규모를 막론하고 국내외 수많은 기업이 고객제일주의를 경영 이념으로 삼고 있다. 하지만 그는 제2차 세계대전 직후의 혼란기에 이것을 주장해 수많은 상인을 눈뜨게 했다. 지금도 말로만 외칠 뿐 실천하지 않는 기업을 볼 때마다, 고객제일주의를 필사적으로 외쳤던 구라모토의 혁신성을 새삼 느낀다.

두 번째 "직원과 함께 번창한다"라는 말의 의미는 "직원은 점주의 분신이다"라는 구라모토의 말에 담겨 있다. 그는 직원이란 점주와 손잡고 장사의 올바른 길을 걷는 동료라고 역설했다. 쉽게 대체할 수 있는 장기말도, 손익계산서에 계상되는 비용에 불과한 존재도 아니다. 직원은 "가게는 손님을 위해 존재한다"라는 장사의 사명을 함께 추구하는 소중한 동지다.

실적 향상 수단으로 직원 만족에 힘을 쏟는 기업도 있다. 분명히 고객 만족도와 직원 만족도는 양의 상관관계가 있으며, 직원 만족도가 높을 때 지속적인 실적 향상도 가능하다. 그러나 구라모토는 직원의 만족을 실적 향상 수단이 아니라 장사의 목적으로 삼았다.

그렇다면 "주인과 함께 사라진다"에는 구라모토의 어떤 사상이 담겨 있을까? 그 참뜻을 짐작할 수 있는 힌트가 있다. 진정한 상인이 곧 훌륭한 사람이라는 그의 상인관(商人觀)이다. 구라모토는 "상인이기 이전에 인간이 되시오"라고 호소하며, 인간으로서의 올바름, 애정, 성실함이야말로 상인에게 가장 중요한 소양이라고 말했다. 그는 점주가 올바름과 애정, 성실함에 근거한 윤리관을 잃었을 때 가게는 허무하게 망한다고 경고했다. 창업의 뜻을 잊고 무시했을 때도 마찬가지라며 인간으로서의 존재 방식이 중요함을 호소했다.

이처럼 하나의 사상, 이념이 탄생하고 성장한 끝에 거대한 물결이 되어 많은 사람에게 계승되는 배경에는 그 사상이나 이념이 필요한 시대 환경과 제창자의 끊임없는 노력이 존재한다. 이 책은 그런 구라모토의 철학을 살펴보고 그 참뜻을 전하려는 시도다.

그러나 구라모토가 남긴 가르침을 단순히 도그마로 고정시키고 안주해서는 그의 가르침을 따른다고 말할 수 없다. 그때그때 변화하는 상황에 맞춰 그 참뜻을 거듭 생각하고 자신의 행동에 적용할 때, 비로소 가르침으로서 생명력을 유지할 수 있다. 어떤 가르침이든 그 시대 환경, 사회적 배경과 무관할 수는 없기 때문이다.

구라모토가 평생에 걸쳐 전하고자 한 바는 인간으로서 살아가는 자세를 갈고닦는 것이었다. 그는 말로 가르치는 데 머무르지 않고 좀 더 근간에 있는 존재 방식을 제시한다. 우리는 존재 방식을 발견하고 그것을 기점으로 변화와 마주할 필요가 있다.

사람은 오늘보다 나은 미래를 살아야 한다

이 책에서 나는 구라모토에게 배운 가르침을 100편의 단문으로 정리했다. 그리고 《상업계》 편집자로 일하면서 인연을 맺었던 상인들에게 배운 점들을 통해 그 단문들이 의미하는 바를 설명했다. 말하자면 이 책은 '구라모토 조지의 상인학(商人學)'으로, 매일의 장사를 올바르게 이끌어줄 '장사의 지혜'라고 할 수 있다.

구라모토 조지라는 거인의 사상을 '장사 10계명'이라는 형식으로 소개하고자 한다. 이는 상업계 세미나에서 공부한 상인들의 행동 지침으로, 지금도 그들의 장사를 이끌고 있다. 장사 10계명은 다음과 같다.

1. 손익보다 선악을 먼저 생각하라.
2. 창의성을 존중하면서 좋은 것은 모방하라.
3. 매일 손님에게 유리한 장사를 하라.

4. 사랑과 진실을 바탕으로 적정 이윤을 확보하라.

5. 적자는 사회를 위해서도 죄악이다.

6. 서로 지혜와 힘을 합쳐 일하라.

7. 가게의 발전은 사회의 행복이다.

8. 공정하고 공평한 사회적 활동을 하라.

9. 문화를 위해 합리적으로 경영하라.

10. 올바르게 사는 상인으로서 자긍심을 가져라.

우리는 약간의 바람에도 흔들리는 부평초처럼 약한 존재다. 때로는 나태해지고, 때로는 사적인 욕심을 부리며, 때로는 옹고집이 돼서 험한 길을 헤매다 변화의 소용돌이에 휩쓸리기 일쑤다. 그럴 때 이 책을 손에 들고 심금을 울리는 문장을 읽으며 내면을 들여다보길 바란다. 매일의 축적만이 우리를 거센 바람에도 꺾이지 않는 굳센 풀로 성장시켜 준다.

구라모토는 이런 말도 남겼다.

"장사는 오늘의 것이 아니다. 영원한 것, 미래의 것이라고 생각하자. 그래야 진정한 상인이다. 사람은 오늘보다 더 나은 미래를 살아야 한다."

정신없이 변화하는 사회에서 오늘보다 나은 미래를 살아가는 데 이 책이 조금이나마 도움이 된다면 나는 행복하겠다.

차례

장사를 하면서 손익을 생각하지 않을 순 없지만,

앞으로는 손익보다 선악을 우선하자

1장

손익보다 선악을 먼저 생각하라

장사에서는 손익 계산보다
선악 구별이 더 중요하다.
손익보다 선악을 먼저 생각하는 것이
장사의 근본이다.

올바른 장사는 선하다

우리는 먹어야 살 수 있는 존재다. 장사도 마찬가지다. 그러니 손익을 생각하지 않을 수 없다. 그러나 먹는 것 자체가 삶의 목적은 아니다. 장사도 마찬가지여서, 이익을 내야 하지만 이익 자체가 목적은 아니다. 그런데 우리는 때때로 목적과 수단을 혼동한다.

그렇다면 장사의 목적은 무엇일까? 구라모토 조지는 "사람들의 행복을 키우는 것이다"라고 했다. 상인은 오직 이 한 가지를 위해 돈을 벌 책무를 지고 이익을 내야 한다. 그 목적을 이룬 모습을 '번창'이라고 부를 뿐이다.

안타깝게도 세상이 선(善)으로 여기는 것은 대부분 돈벌이와 인연이 멀지만, 올바른 장사는 선하다. 장사는 인간이 이상으로 삼는 가치인 진, 선, 미 모두를 지녔다.

《맹자》에는 "선의후리(先義後利)"라는 말이 나온다. 자신의 이익(손익)보다 인간으로서 응당 나아가야 할 길, 즉 도의(선악)를 우선해야 한다는 뜻이다. 경영의 목적도 이와 같다. 이익이란 그 목적을 얼마나 달성했는지 측정하는 척도일 뿐이다.

고객 한 명을 위해 정성을 다하라. 눈앞의 고객 한 명을 위해 손익보다 선악을 우선하라. 그 자세는 반드시 자신과 타인의 선으로 연결되며, 관계된 모든 사람의 행복으로 이어진다.

**개업 첫날의
마음가짐과 노력을 항상 유지한다면
반드시 이익이 나게 돼 있다.**

당신의 초심은 지금도 계속 불타오르고 있는가?

개업 첫날 아침, 당신은 어떤 마음으로 장사를 했을까? 누구나 첫날에는 가게를 최고로 깨끗하게 청소해 놓는다. 고객에게 최선의 응대를 하고자 노력하고, 제공하는 상품에 온 힘을 기울인다. 무슨 일이 있어도 고객에게 기쁨을 주고 싶다는 바람 때문이다. 그런 마음가짐을 접한 고객은 반드시 가게를 다시 찾아와 준다.

그 기쁨을 알고 있는 상인이라면 아침에 가게 문을 여는 일이 너무나도 기대가 된다. 장사란 당신에게 고마워하는 고객이라는 이름의 친구를 만드는 행위다. 당신은 오늘이라는 새로운 하루에 친구를 몇 명이나 만들 수 있을까?

생각하기를 멈추고 타성에 젖은 채 장사해서는 안 된다. 일희일비하지 말고 담담하게 장사하라. 장사는 매일 같은 일의 반복이다. 매일 같은 행위를 하기에 많은 것을 깨닫게 되며, 그 깨달음 속에 당신의 장사를 개선할 힌트가 숨어 있다.

개업 첫날 아침과 똑같은 마음으로 고객을 맞이하라. 가게 문을 열기 전 가게 앞을 청소하면서 고객의 기분을 상상해 보라. 당신의 가게는 고객의 눈에 어떻게 비칠까?

개업 첫날 아침의 마음가짐을 잃지 않는다면, 고객은 당신에게 이익을 가져다준다. 당신의 내부에서는 지금도 그때의 마음가짐이 계속 불타오르고 있는가?

사랑하는 마음으로 살고
사랑하는 마음으로 장사하면
거짓도 속임수도 없는,
고객에게 사랑받는 가게가 된다.

고객과 사랑을 키워나가는 것이 당신의 일이다

"상인의 공수표(상인의 언행은 믿을 수 없다)"라든가 "상인의 거짓말은 부처님도 용서해 준다(장사할 때 흥정을 위해 거짓말을 하는 건 어쩔 수 없다)" 같은 속담이 있듯이, 과거엔 상인이란 거짓말을 밥 먹듯이 하는 비열한 존재라는 인식이 있었다.

이에 대해 구라모토 조지는 이렇게 호소했다.

"장사란 상품 제공을 통해 소비자들이 행복과 평온함을 느끼도록 하는 일이다."

장사란 사랑, 즉 배려를 위해 힘쓰는 신성한 일이며 상인의 의무는 사랑을 키우는 것이라는 이야기다.

정직하고 성실하라. 정직은 말을 행동과 일치시키는 것이다. 거짓말을 했다면 "거짓말을 했습니다"라고 말할 수 있는 솔직함이다. 또한 성실은 행동을 말과 일치시키는 것이다. "거짓말을 하지 않겠습니다"라고 말했다면 거짓말을 하지 않는 철저함이다. 마음이 담긴 장사를 위해 필요한 것은 이 두 가지뿐이다.

고객은 단순히 물건을 원하는 게 아니다. 물건과 돈의 거래를 넘어 당신의 마음을 원한다. 번창은 고객과 얼마나 강한 마음의 결속을 만들 수 있느냐에 달려 있다. 자본, 설비, 경영 기술보다 '고객을 위한 가게'라는 거짓 없는 마음이 가게의 구석구석까지 스며 있느냐가 더 중요하다.

고객 한 명의 기쁨을 위해 최선을 다해 성실하게 행동하고, 손

익에 관한 생각을 머릿속에서 지운다. 그런 아름다움이야말로
상인의 바람직한 모습이다. 고객과 마음이 직접 닿는 그런 장사
를 하라.

사랑받는 장사를 할 수 있는지 없는지는
진심으로 그 장사를
사랑하느냐 아니냐에 달려 있다.

당신의 장사를 믿고 사랑하라

나는 사람들을 위해 올바른 일을 하고 있다. 사람들에게 기쁨을 주고 생활에 도움이 되고자 노력한다. 그 결과는 틀림없이 나 자신도 행복하게 만들 것이다. 구라모토 조지는 이런 신념을 바탕으로 희망을 품고 일할 때, 선으로 이어진다고 역설했다. 신념과 희망이 없다면 장사에서 삶의 보람을 느낄 수 없다.

손익에만 집착하는 건 상인의 본분이 아니다. 전문 지식이나 오랜 경험을 바탕으로 고객이 행복을 느낄 수 있는 상품을 제공하기 위한 존재가 상인이다. 상인의 기쁨은 고객이 물건을 살 때마다 근로의 기쁨을 따뜻하게 느낄 수 있는 행위 속에 있다.

미야기현 센다이의 산속에 있는데도 전국에서 수많은 고객의 발길이 끊이지 않는 가게가 있다. '주부의 가게 사이치'라는 작은 슈퍼마켓이다. 이곳의 인기 상품은 일본의 전통 떡인 오하기로, "도쿄에 사는 딸이 손자들을 데리고 친정에 오는데, 딸이 어릴 때 먹던 오하기를 손자들에게도 주고 싶습니다"라는 한 고객의 소망에 진짜 오하기를 만들어준 주인 부부의 고객 사랑에서 탄생했다.

상점은 고객에게 '아아, 좋은 물건을 샀어'라는 기쁨을 주기 위해 존재한다. 자신의 장사를 사랑하고 이상을 가져라. 이 장사야말로 가장 보람되고 훌륭한 사업이라고 믿으며 꿈을 크게 가져라. 그런 자세가 우리 삶의 선으로 이어지고, 자신과 타인에게 행복을 가져다준다.

사랑과 진실과 이윤을 일치시키면
작은 가게도 절대 망하지 않는다.

사랑하는 마음으로 장사하면 진실한 마음으로 팔 수 있다

당신은 '사랑'하는 마음으로 일하고 있는가? 모든 일에 '진실'한 마음으로 행동하고 있는가? 고객, 직원, 거래처, 그리고 자신에게도 '이윤'을 가져다주고 있는가? 장사는 이 세 가지를 통해 이뤄진다.

사랑은 타인을 배려하는 마음이다. 진실은 올바르게 실천하는 일이다. 이윤은 성실하게 장사한 결과로 얻는 과실이다. 이 삼위일체에서 만들어지는 정당한 보수를 자랑스럽게 손에 넣는다. 바로 이것이 구라모토 조지가 말한 올바른 장사의 길이다.

구라모토는 사랑을 장사의 가장 중요한 요건으로 생각하는 리더였다. 그의 책《상인의 철학(商人の哲学)》에는 다음과 같은 구절이 있다. 신약의〈고린도전서〉를 인용한 글이다.

"바울은 '어쩔 수 없다면 신앙을 버리십시오'라면서도, '하지만 희망을 버려서는 안 됩니다'라고 말했다. 그리고 만약 그 희망조차 버려야 할 때가 온다 해도 마지막까지 '사랑은 버리지 마십시오'라고 말했다. 사랑은 죽을 때까지, 아니 죽어서도 버리지 말아야 할 인간의 마지막 가치다. 사랑이 없다면 인간이라고 할 수 없다. 상인 역시 인간이다."

사랑하는 마음으로 장사하면 진실한 마음으로 팔 수 있다. 사랑과 진실만큼 사람을 움직이는 것은 없다. 어떤 마케팅 전략이나 상술도 사랑과 진실만큼 강력하지 않다. 그리고 본래 이윤이란 사랑과 진실을 우선했을 때 비로소 생겨난다.

이익이 없으면 장사를 계속할 수 없지만,
이익은 장사의 진정한 목적이 아니다.
그렇기에 고객을 위해
팔지 말아야 할 때도 있다.

팔지 않을 수 있는 이야말로 진짜 상인이다

세상에 다양한 상품이 있듯이 고객의 니즈도 저마다 다양한데, 그럼에도 고객에게 도움이 되지 않는 상품을 팔고 있진 않은가? 당신이 상품의 전문가라면 그 상품이 고객의 진짜 니즈를 충족할지 아닐지 알 수 있을 것이다.

고베의 여성복 가게 베니야의 창업자이자 구라모토 조지의 제자인 마쓰타니 아키히사는 이렇게 말했다.

"패션의 경우, 그 고객을 위해서는 팔지 않는 편이 나은 상품도 있다. 그 상품을 팔지 않을 수 있는 이야말로 진짜 상인이다."

고객을 위해서 팔지 말아야 할 상품도 있다. 물론 팔면 당장은 이익이 된다. 그러나 고객은 그 상품을 진심으로 수긍하지 않을 것이다. '하지만 전문가가 추천했으니까……'라며 수긍하려고 노력할 뿐이다. 그런 가게는 언젠가 고객의 발길이 끊어지게 마련이다.

고객의 삶을 바꿀 상품과의 만남을 준비하는 것이 상인의 책무다. 그런 까닭에 고객을 위해 일부러 팔지 않아야 할 때도 있다. 바로 여기에 상인의 선이 있다. 고객의 이익을 최우선으로 생각하는 가게는 "고맙습니다"라는 고객의 목소리로 넘쳐난다. 당신은 그런 장사를 할 수 있으며, 그 여정에 종착점은 없다. 상인에게는 평생 공부를 계속할 사명이 있으며, 그 노력은 보람으로 돌아올 것이다.

이익을 내려고 하면
번창은 멀리 도망가고,
번창하고자 노력하면
이익은 가까이 다가온다.

올바른 상인은 '번창'과 '이익'을 일치시킨다

구라모토 조지는 "장사의 목적은 돈을 버는 것이 아니다"라고 단언했다. 상인의 사명은 고객의 생활을 풍요롭게 만드는 것이며, 그 성과를 번창이라고 부른다.

"고객의 웃는 얼굴이야말로 장사의 참맛이다"라고 말하는 상인이 있다. 후쿠오카 야오야 우에키 상점의 우에키 히로노리다. 그는 채소나 과일에는 '세 가지 때'가 있다고 말한다.

"수확해서 바로 먹어야 맛있는 것도 있지만, 조금 기다리면 더 맛있어지는 것도 있습니다. 저희가 할 일은 품종이나 산지에 따라 다른 '수확할 때' '살 때' '먹을 때'를 파악하는 거예요. 그래서 고객에게 언제 먹어야 가장 맛있는지 알려주어 식탁에 모여 앉은 그들 가족의 얼굴에 웃음을 가져다주는 겁니다."

그의 하루는 남들보다 일찍 시작된다. 매일 자정 무렵, 시장에 가 시시각각으로 입고되는 청과물을 살펴보고 매입한다.

"채소 같은 식재료는 생명을 키우고 유지시켜 주기에 이익을 위한 도구로 삼아선 안 되죠"라고 말하는 그의 목표는 고객의 웃는 얼굴이다. 그 목표를 달성하면 자연스레 따라오는 게 이익이다.

실제로 야오야 우에키 상점은 스무 평이 채 안 되는 가게지만 하루 평균 고객 수가 평일은 1,000명, 주말이나 공휴일은 2,000명에 이른다. 하루 평당 매출액이 20만 엔이나 된다. 번창과 이익, 이 둘을 일치시키는 것이 상인의 올바른 모습이다.

돈으로 살 수 없는 가치 있는 것은 많다.
상인은 그런 사랑이나 진심을
상품에 곁들일 수 있다.

좋은 상인은 곧 좋은 인간이다

우리는 작은 애정이나 친절에 감동과 고마움을 느낀다. 다만 애정이나 친절은 눈에 보이지 않기 때문에 작은 몸짓이나 말에서 상대의 진심을 알아챌 수 있는 감수성이 필요하다. 이 감수성은 대가를 바라지 않는 사랑을 받음으로써 자라난다.

장사는 물건과 돈을 교환하는 행위지만, 그 행위 속에 대가를 바라지 않는 사랑을 곁들일 수는 있다. 매일 장사를 하면서 그런 사랑을 지속적으로 담담하게 표현하라. 즐거움과 고마움, 기쁨을 상품에 곁들여서 판매하라. 그 기쁨이 영원히 전해지는 것이라면 더욱 좋다. 내일 퇴색하는 기쁨이라면 고객의 기쁨은 오히려 마이너스가 된다. 이것이 영원히 번창하는 장사의 비결이다.

오랜 시간이 지난 뒤에도 '그래, 이 물건은 그 가게에서 샀지' 라고 떠올릴 만큼 즐거운 추억이 고객의 마음속에 스며들도록 장사하라. 즐거운 추억이나 그때의 고마움이 고객의 마음속 어딘가에 영원히 남도록. 이것이 중요하다.

종교나 철학이 물질보다 정신에 가치를 두는 것은 그 때문이다. 상인도 물질에 고귀한 정신을 곁들여서 파는 존재다. 그런 존재로서 자부심을 가져야 한다. 좋은 상인은 곧 좋은 인간이며, 문화성을 갖춰야 한다. 이것이 구라모토 조지의 가르침이다.

상인과 고객이 인간으로서
따뜻함을 주고받고자
성실함을 다하는 행위를
장사라고 한다.

매출이란 고객과 교류한 산물이다

구라모토 조지의 동지이며《상업계》의 초창기 리더였던 신보 다미하치는 "고객은 늘 쓸쓸하다"라는 말을 했다. 그렇기에 우리는 따뜻함으로 가게를 채워야 한다. 고향 같은 따스함으로 고객의 마음을 따뜻하게 감싸주자. 그러면 가게는 고객이라는 이름으로 불리는 모든 이에게 마음을 치유하는 장소가 된다. 구매라는 행위를 만족에서 그치는 게 아니라 환희로 만들어주는 것이 상인의 책무다.

그렇다면 고객의 공감과 신뢰를 얻기 위해서는 무엇이 필요할까? 바로 고객을 소중한 친구로 대하는 마음이다. 고객이 수많은 가게 가운데 당신의 가게를 찾아와 준 기적에 감사하라. 판다는 행위는 고객과 마음을 주고받는 일이며, 매출은 사람과 사람의 신뢰를 바탕으로 한 교류의 산물이다. 이를 위해서는 고객의 마음을 알아야 한다. 그리고 당신의 마음을 전해야 한다.

고객과 상인은 상하관계가 아니며, 서로 대등한 위치에 있다. 양쪽 모두 같은 인간으로서 신뢰감을 키워나간다. 바로 여기에서 모든 것이 시작된다.

사랑받는 상인은 곤란할 때 언제라도 의지할 수 있는 이웃이고, 본받고 싶은 현명한 생활인이며, 마음을 터놓을 수 있는 성실한 친구다. 상인의 길이란 성실함을 다하는 인간의 길이다.

고객의 마음과 당신의 마음이 직접 닿는, 사랑과 진실로 가득한 장사를 하자.

마음이 닿는 교류를 계속할 때 번영이 찾아온다

'닿는다'와 비슷한 말로 '만진다'를 들 수 있다. 그러나 둘은 비슷하면서도 다르다. '만진다'는 상대와의 감정 교류를 고려하지 않은 일방적이고 물리적인 접근법이다. '닿는다'는 상대의 사정을 배려하고 감정을 존중하는 상호적이고 인간적인 접근법이다.

'접객'을 할 때, 당신은 어떤 마음과 태도로 고객과 접하는가? 배려나 존중의 마음이 없으면 고객의 마음을 조심성 없이 만지게 된다. 고객이 원하는 건 서로의 마음이 닿는 교류일 텐데 말이다.

멕시코에는 사람은 세 번 죽는다는 생각이 있다. 심장이 멈췄을 때 첫 번째로 죽고, 매장됐을 때 두 번째로 죽으며, 사람들의 기억에서 잊혔을 때 세 번째로 죽는다는 생각이다. 당신이 죽은 뒤를 생각해 보길 바란다. 고객이 당신의 후계자를 찾아와 그리운 표정으로 "생전에 저에게 정말 잘해주셨습니다. 참 신세를 많이 졌지요"라고 말한다면, 당신도 고객도 틀림없이 행복할 것이다.

구라모토 조지는 번창하려고 아득바득 노력할 필요는 없다고 거듭 이야기했다. 그보다는 마음의 아름다움을 전하고자 매일 노력해야 한다. 마음이 닿는 교류를 계속한다면 언젠가는 이렇게 말해주는 고객이 나타나게 마련이다.

"내 인생의 마지막 구매는 당신 가게에서 하고 싶소."

당신에게는 그런 고객이 있는가?

장사할 때 창의적인 아이디어를 존중하고,

좋은 것은 연구해 적극적으로 모방하는 진취성도 갖자

2장

창의성을 존중하면서

좋은 것은 모방하라

본질을 모방할 때
깊은 창의성이 생겨나며,
창의성이 모방의 질을 높인다.
장사를 성장시키는 것은
이 두 수레바퀴다.

모방을 통해 창의성을 향한 첫발을 내디뎌라

모방은 배움의 기본이다. 배움은 좋은 것을 흉내 내는 데서 시작된다. 다만 눈에 보이는 걸 똑같이 따라 하기만 해서는 그 본질을 내 것으로 만들 수 없다.

단순한 모방을 매우 경계해서 직원이 경쟁점을 견학하지 못하게 한 상인이 있다. 세븐일레븐 재팬의 창업자인 스즈키 도시후미다. 그는 "우리의 경쟁 상대는 같은 업종의 회사가 아니라 정신없이 변화하는 고객의 니즈다"라며 철저히 고객의 처지에서 생각하라고 주문했다.

세븐일레븐은 미국에서 탄생했기에 "모방 아닌가?"라고 비웃는 목소리도 있었다. 그러나 그는 단순히 점포 구조나 상품 라인업 등을 모방한 게 아니었다. 편의점이라는 업태의 혁신성과 프랜차이즈 시스템이 지닌, 함께 번영하는 사상을 배운 것이었다.

좋은 것 속에 있는 본질을 이해하고 배울 때 창의성이 생겨난다. 배우기를 멈추고 겉모습만 흉내 내면 결국은 진부해질 수밖에 없다. 실제로 세븐일레븐은 계속 고객에게서 배웠지만, 경쟁사들은 계속 세븐일레븐을 흉내 냈다.

모방을 통해 독자성을 향한 첫발을 내디딜 수 있다. 단, 본질을 터득했을 때다. 당신만의 독자적인 창의성은 모방을 거듭한 끝에 생겨난다. 처음에는 작은 모방부터 시작해도 괜찮다. 일단은 당장 실천하는 것을 중요하게 생각하라.

번창이라는 이름의 파랑새는
경쟁점이나 업계의 상식이 아니라
고객 한 명 한 명의 마음속에 살고 있다.

파랑새는 가장 가까운 곳에 있다

《파랑새》라는 동화가 있다. 가난한 나무꾼 가정의 어린 남매가 행복을 가져다주는 파랑새를 찾아 추억의 나라, 미래의 나라 등 다양한 장소를 모험하는 이야기다. 남매는 각각의 장소에서 파랑새를 찾아내지만 검은 새로 변하거나 죽어버려서 좀처럼 집으로 가져가지 못한다. 결국 파랑새는 먼 곳이 아니라 가장 가까운 집 안의 새장 속에 있었음을 깨닫는다.

당신도 이와 같은 실수를 저지르고 있진 않은가? 시그니처로 삼을 상품은 없을지 다른 가게의 진열대를 기웃거리고, 같은 업계 사람이 돈을 벌면 부러워하며, 업계라는 좁은 사회의 상식에 안주하고 있진 않은가? 그런 건 전부 과거의 것, 남의 일이다.

유니클로에서 최상급 매출을 올리고 있는 플래그십 스토어의 점장은 하루에도 몇 번씩 매장을 둘러보고 고객을 관찰했다. 점장은 그 이유를 "현장에는 깔끔하게 정리된 데이터엔 나타나지 않은 진실이 있기 때문입니다"라고 말했다.

상인에게 가장 가깝고 소중한 파랑새는 가게에 오는 고객의 마음속에 살고 있다. 매장에 있는 고객의 작은 몸짓이나 표정에서 눈을 떼면 안 된다. 고객이 중얼거리는 작은 목소리에 귀 기울이고, 그것이 클레임이라면 진지하게 대응하며 고객의 마음속을 살펴야 한다. 번창이라는 이름의 파랑새는 반드시 그곳에 있다. 찾아내려 노력한다면 당신도 언젠가 만나게 될 것이다.

작은 것이어도 좋다.
처음엔 모방이어도 좋다.
실천하지 않으면
그 무엇도 성취할 수 없다.

타인에게서 배우고 실천할 때 독창성이 만들어진다

생전에 그림을 단 한 장밖에 팔지 못했던 네덜란드 화가 빈센트 반 고흐. 굵고 짧은 인생을 살면서 약 2,000점의 작품을 남긴 고흐만큼 모사(模寫)에 힘쓴 화가도 많지 않다. 처음엔 헤이그 화파(The Hague School)에서 모티프에 대한 진지한 자세를 배웠고, 이후에는 파리로 진출해 인상파로부터 약동하는 색채를 도입했다. 그는 모방을 통해 새로운 기술과 지식을 익힘으로써 지금도 수많은 사람을 감동시키는 창조성에 도달했다.

일본 '우주·로켓 개발의 아버지'로 불리는 이토카와 히데오 박사는 "다른 사람에게 배우고 그것을 실천하겠다는 의지가 독창성을 만들어낸다"라고 했다. "인생에서 중요한 것은 실패의 역사다"라는 그의 또 다른 말도 후배 과학자뿐만 아니라 많은 이들에게 격려가 되는 말이다.

이토카와 박사는 독창성을 발휘하기 위한 요건으로 세 가지를 들었다. 첫째는 하고 싶다고 생각한 일을 끝까지 해내는 강한 의지, 둘째는 다른 사람으로부터 철저히 배우는 자세다. 뉴턴도 "내가 더 먼 곳을 내다볼 수 있었다면, 그건 거인의 어깨 위에 올라탄 덕분이다"라며 선인(先人)들에게서 배우는 것의 중요성을 이야기했다. 그리고 셋째는 타인과의 네트워크를 충실히 구축하고 좋은 관계를 형성하는 일이다. 상인에게도 고객, 직원, 거래처와의 유대가 중요함은 말할 필요도 없다.

도전이란 중대한 일을
내일 하는 게 아니라,
내일 할 생각인 평범한 일을
오늘 끝마치는 것이다.

누구나 할 수 있는 일을 누구보다 철저히 하라

평범한 일을 철저히 한 상인이 있다. 자동차 용품 및 정비 기업인 옐로햇 창업자 가기야마 히데사부로다. 그가 철저히 한 일은 청소였다. 50년도 전에 그가 혼자 시작했던 청소는 '일본을 아름답게 만드는 모임'으로 발전했고, 지금은 외국으로까지 확대됐다.

그는 "누구나 할 수 있는 평범한 일을 누구도 할 수 없을 만큼 철저히 계속했습니다. 그 덕분에 평범함 속에서 탄생하는 커다란 비범함을 알 수 있었죠"라고 말했다. 매일 계속하기에 미세한 차이를 깨달을 수 있고, 그것이 축적돼 큰 차이를 만드는 것이다.

당신은 '1.01과 0.99의 법칙'을 아는가? 현재 상태를 1이라고 했을 때, 0.01을 더한 1.01을 약간의 노력이라고 한다면, 약간의 태만은 0.01을 뺀 0.99가 된다. 이 둘의 차이는 0.02에 불과하지만, 이 차이가 1년 동안 계속 쌓인다면 어떻게 될까? 1.01을 365 제곱하면 37.783이다. 반대로 0.99를 365 제곱하면 0.025다. 1년 사이에 약 40배나 되는 차이가 만들어진다.

고작 1퍼센트라고 무시해선 안 된다. 그 1퍼센트를 쌓아가는 것만이 당신의 장사를 더 높은 곳으로 이끌어준다. '뭐, 이 정도면 됐지'라든가 '오늘은 여기까지만 하자'라고 생각했을 때, 당신의 장사는 거기에서 멈추고 만다.

하루의 시간으로 환산하면 1퍼센트는 15분 정도다. 이 작은 노력을 쌓아나갈 때 당신의 미래가 밝아질 수 있다.

작은 한 걸음이어도 좋다.
그 한 걸음이 쌓여 당신의 장사를
발전시키고 당신의 인생을 바꾼다.

한 걸음 한 걸음 나아간 곳에 장사의 본질이 있다

어느 날 레스토랑에서 만난 한 여성에게 그림을 그려달라는 부탁을 받은 피카소는 냅킨에 30초 정도 시간을 들여 쓱쓱 그림을 그리고는 1만 달러를 청구했다. 여성이 놀라 물었다.

"그리는 데 30초도 안 걸렸는데 1만 달러라고요?"

피카소가 대답했다.

"30초가 아니죠. 30년 하고 30초입니다.

출처는 불분명하지만, 수련의 가치에 대한 일화다.

어제보다 오늘, 아주 조금이라도 상품에 관한 지식을 쌓고 기술을 높이자. 당신에게 발전하고자 하는 마음이 있는지 없는지, 고객은 절대 간과하지 않는다. 정말로 수련해야 할 것은 판매나 제조 기술이 아니라 이 마음이다.

파리만 날리던 한 가게에 손님이 찾아와 열심히 상품을 찾았지만 실패했다. 원하는 상품을 찾아 온갖 가게를 돌아다닌 손님의 얼굴에 실망이 가득했다. 이를 본 상인은 도매상과 제조사에 문의해 샘플을 사들인 다음 고객 한 명을 만족시키기 위해 먹고 자는 것도 잊은 채 상품 연구를 했다. 마침내 최적의 상품을 찾아내 고객에게 웃음을 줬을 때, 그는 매출보다 소중한 것을 얻었다. 바로 한 걸음 한 걸음을 착실히 걸어간 끝에 있는 장사의 본질이었다.

현재 그의 가게가 수많은 고객으로 북적대고 있음은 말할 필요도 없다.

느슨한 마음으로 한 일은 전부 잡일이 되고,
진심을 담아서 한 잡일은 훌륭한 일이 된다.

아무리 사소한 일이라도 철저히 하라

쇼와 덴노는 자신이 없는 동안 정원의 풀을 벤 시종에게 물었다.

"왜 풀을 베었는가?"

시종은 칭찬받을 생각으로 말했다.

"잡초가 무성해서 베었습니다."

"잡초라는 풀은 없네. 어떤 식물이든 다 이름이 있고, 저마다 자신이 좋아하는 장소에서 살고 있다네."

《궁중 시종 이야기(宮中侍從物語)》에 나오는 일화로, 생물학자이기도 했던 쇼와 덴노의 성품을 엿볼 수 있다.

어쩌면 우리도 하루하루 일하는 가운데 이와 같은 실수를 저지르고 있는지 모른다. 세상에 잡초라는 이름의 풀이 없듯이, 잡일이라는 이름의 일도 존재하지 않는다. 일하는 사람의 느슨한 마음이 존재할 뿐이다. 아무리 사소한 잡일도 철저히 하면 사람을 감동시키는 훌륭한 일이 된다. 반대로 아무리 대단해 보이는 일도 느슨한 마음으로 하면 타인의 기분을 망치는 결과를 초래한다.

구라모토 조지는 "마치 오늘 죽을 사람처럼 당신의 모든 생각과 행동을 정리해야 한다"라고 말했다. 오늘 나아지지 않는다면 어떻게 내일 나아질 수 있겠는가? 구라모토는 이렇게 물은 것이다.

시간은 쉴 새 없이 지나간다. 시간이 멈추는 일은 없다. 그렇기에 매 순간을 소중히 여기며 살아야 한다. 느슨한 마음으로 지금이라는 순간과 마주해선 안 된다. 우리의 삶에 잡일이란 없다.

장사에는 실패가 따르기 마련이다.
다만 실패에는 반드시 교훈이 있으며,
미래의 희망을 동반한다.

실패는 잘못이 아니다

인간만이 할 수 있는 일은 무엇일까? 그중 하나는 아마도 깨닫는 능력일 것이다. 그리고 이 능력을 높이기 위해서는 '본다 → 생각한다 → 궁리한다 → 행동한다'의 사이클을 타야 한다. 마음이 담긴 장사를 하는 데 이보다 중요한 것은 없다.

이 사이클은 '행동한다'까지 도달할 때 비로소 의미를 지닌다. 행동하지 않으면 궁리하지 않게 되고, 궁리하지 않으면 생각하지 않게 되며, 생각하지 않으면 보이지 않게 된다. 당신에게도 언제부터인가 보이지 않게 된 무언가가 있을지 모른다.

행동으로 옮기면 성공할 때도 있지만 실패할 때도 있다. 그러나 실패했다고 해서 잘못한 것은 아니다. 실패는 어쩔 수 없이 일어나는 일이다. 반면 잘못은 방지할 수 있었음에도 저지르는 일이다. 실패의 너머에는 희망과 미래가 있으며 성공이 기다리고 있다. 반면 잘못은 태만과 함께 있으며 후회로 이어진다.

실패는 적극적인 도전이 가져다주는 과실이다. 잘못은 불완전한 인간이기에 끌어안는 빚이다. 그러니 실패를 두려워하지 않는 용기를 갖자. 잘못을 인정하고 바로잡는 솔직한 마음을 갖자.

과거의 행동을 하나하나 돌아보며 실패였는지 잘못이었는지 구분해 보자. 양쪽 모두 자신의 분신처럼 사랑스러운 존재임을 깨닫게 될 것이다. 그것과 진지하게 마주할 때 실패는 성공의 원료가, 잘못은 성공의 밑거름이 되기 때문이다.

오래돼서 낡은 것은 망하고,
새롭게 나와서 새로운 것 또한 망한다.
오래됐으면서도 새로운 것만이
영원히 망하지 않는다.

전통을 잇는 동시에 혁신을 꾀하라

"올바른 일을 한 까닭에 가게가 망한다면 망해도 된다. (하지만 그런 가게는) 절대 망하지 않는다."

광고의 일인자이기도 했던 신보 다미하치가 남긴 말이다. 그리고 이 말의 뒤에는 이런 말이 이어진다.

"오래돼서 낡은 것은 망하고, 새롭게 나와서 새로운 것 또한 망한다. 오래됐으면서도 새로운 것만이 영원히 망하지 않는다."

존재가 성숙해도 행동에 혁신이 없으면 망한다. 행동이 혁신적이어도 존재가 미숙하면 역시 망한다. 영원불멸할 수 있는 건 오직 오래됐지만 새로운 것뿐이다.

약 500년 전 교토에서 창업한 양갱가게 도라야는 고객과 진지하게 마주하고 그들의 마음에 부응하는 걸 소중히 여기는 접객으로 유명하다. 그런 도라야의 아카사카 본점에 양갱 자동판매기가 설치됐다. 창업주의 17대 후손은 그 이유를 이렇게 말했다.

"직원을 상대하고 싶어 하지 않는 고객도 계실지 모르고, 같은 고객이라도 '오늘은 직원하고 느긋하게 이야기를 나누고 싶어.' '오늘은 빨리 양갱을 사서 집에 가고 싶어.'와 같이 그때그때 기분이 달라질 수 있습니다. 그런 마음을 이해하지 않은 채 고객을 대하고 있었던 건 아닌지 자문해 봤습니다."

눈앞의 고객에게 기쁨을 주기 위해 변화를 마다하지 않는 노포(老鋪)의 전통과 혁신이 엿보이는 말이다.

'술⒧術⒭'은 행동 방식에 머무르며,
'도⒧道⒭'는 존재 방식으로 승화한 것이다.
진정한 번창은 도의 끝에서 기다리고 있다.

당신의 장사에는 상도가 있는가?

"술은 책략 또는 모략이며, 도는 자연의 법칙 또는 사람이 지켜야 할 도리다. 장사의 목적은 고객에게 기쁨을 주는 것인데 많은 상인이 술의 세계에 빠져서 남을 속여 이익을 내는 데 열중한다."

양말 전문 기업 타비오의 창업자 오치 나오마사가 한 말이다. 중학교를 졸업하고 오사카의 양말 도매상에 사환으로 들어가 평생 양말 제조의 길만을 걸어온 그에게는 창업 이래 소중히 여겨온 이념이 있다.

"상품이란 만들어서 기쁘고, 팔아서 기쁘며, 사서 기뻐야 한다. 만들어서 기쁘고 팔아서 기쁘지만 사서 기쁘지 않다면 도리에 맞지 않다."

에도 시대의 농업 행정가 니노미야 손토쿠가 남긴 말에 "만들어서 기쁘고"를 추가한 것인데, 이 이념처럼 타비오의 양말은 많은 이들에게 꾸준히 사랑받고 있다. 그는 이런 말도 했다.

"많은 상인이 도를 배우지 않고 술만 연구한다. 하지만 상도가 없는 한 장사는 살아남을 수 없다."

상인의 가치는 얼마나 이익을 냈느냐가 아니라 장사를 통해 사람들에게 얼마나 행복을 가져다줬느냐에 따라 결정된다. 요컨대 장사는 공평하고 공정해야 한다. 공평이란 판단이나 말과 행동이 치우치지 않은 것이고, 공정이란 올바름이 동반된 공평함이다. 공평하고 공정하지 않다면 장사라고 할 수 없다.

오늘 나아지지 않는다면
어떻게 내일 나아질 수 있겠는가?
자, 오늘을 더 낫게 살자.

더 나은 오늘을 살라

천직이란 하늘로부터 받은 신성한 직업, 자신의 천성과 일치하는 일이다. 영어로는 '콜링(calling)'으로, 신으로부터 받은 사명이 그 어원이다. '커리어(carrier)'는 일에 관한 '지속적인 프로세스'와 일을 둘러싼 '삶의 자세'를 가리킨다. 그러므로 커리어를 쌓는다는 말은 일을 통해 기술, 지식, 경험을 익혀나가는 동시에 인간성을 갈고닦으며 삶의 자세를 높여나간다는 의미다.

이것을 내일부터 시작해도 괜찮을 리 있겠는가? 고객의 웃는 얼굴을 생각하며 매일 끊임없이 성실하게 노력하기를 즐겨라. 고객 한 명 한 명을 인간으로서 이해하도록 노력하라. 세상에 똑같은 사람은 한 명도 없다. 개개인이 지닌 바람에 귀를 기울이고, 본인도 깨닫지 못하고 있는 마음에 다가가라.

고객은 확실한 기술과 지식을 익히고자 노력하는 당신의 자세를 지켜보고 있다. 설령 미숙하더라도 발전하려고 노력하는 당신의 성실함이야말로 고객과 당신을 연결하는 다리다. 여기에 순수한 사명감이 있기 때문이다.

더 나은 오늘을 살라. 되돌아봤을 때 감사할 일로 넘쳐나는 하루를 보내라. 그런 하루하루가 모여 당신에게 천직을 가져다주고, 당신의 삶의 자세를 높여준다.

손님에게 기쁨과 이익을 주는 것이

상인의 소임임을 알고 이를 실천하자

3장

매일 손님에게

유리한 장사를 하라

번창이란
고객 한 명 한 명이 반복해서
물건을 사게 하는 것이다.

매일의 꾸준한 노력이 고객의 신뢰를 키운다

'1:5의 법칙'이라는 마케팅 용어가 있다. 신규 고객을 얻으려면 기존 고객의 5배에 이르는 비용이 든다는 뜻이다. 신규 고객은 획득 비용은 비싼데 이익률은 낮기 때문에 신규 고객의 획득 이상으로 기존 고객의 유지가 중요하다.

또한 미국 대형 컨설팅 회사의 어느 유명 디렉터는 고객 이탈을 5퍼센트 개선하면 이익이 25퍼센트 이상 개선된다는 '5:25의 법칙'을 이끌어냈다. 고객 한 명에게 오랫동안 사랑받는 것이 더 이익이라는 소리다.

물론 이런 손익 계산을 넘어 고객의 의지처가 되고 고객의 마음에 부응코자 노력하는 행위야말로 상인으로서 일하는 기쁨이다. 그런 신뢰관계를 키우면 고객은 새로운 고객을 데려오게 마련이다. 이는 매일 꾸준한 노력을 쌓아나갈 때 비로소 실현된다. 고객 한 명 한 명에게 최대한 노력해 신뢰의 유대를 강화해 나가라.

사이타마현을 거점으로 하는 지역밀착형 슈퍼마켓 체인 야오코의 실질적인 창업자 가와노 도모는 이렇게 말했다.

"'이 직원한테 사고 싶어', '이 가게가 좋아'라는 말을 하는 고객을 많이 만드는 것이 장사의 비결입니다."

야오코는 2023년 3월 기준으로 34년간 매출과 이익이 해마다 성장했다. 이런 실적의 근본에는 신뢰의 유대를 제일로 여기는 창업자의 철학이 있었다.

물건을 살 때 고객은
언제나 필사적이다.
그 마음에 진지하게 부응하는
상인이 되자.

물건을 파는 건 나를 파는 것

슈퍼마켓 체인 요크베니마루의 창업자 오타카 요시오는 "고객이 연어를 보고 있을 때, 사실은 자신의 지갑 속을 보고 있는 겁니다"라는 말을 했다. 이 말의 의미를 이해할 때 비로소 고객의 마음에 부응하는 상인이 될 수 있다.

고객은 상품을 구매할 때 언제나 필사적이다. 구매는 자기표현 그 자체이며, 열심히 일한 대가를 사용하는 신성한 행위다. 고객이 그런 자신을 인지하든 인지하지 못하든, 상인은 그 사실과 진지하게 마주해야 한다.

"물건을 산다. 나를 산다."

일본 민예운동을 이끈 도예가 가와이 간지로가 한 말로 알려져 있다. 무명의 기술자가 서민의 생활을 위해 만든 물품에는 꾸미지 않은 아름다움이 있으며, 이를 '쓸모의 아름다움'이라고 한다. 민예운동의 본질은 실용성, 무명성 속에 깃든 건강한 아름다움이다.

시간이 흐를수록 구매의 기쁨이 커지는 장사를 하라. 어디서 샀는지 잊어버리는 장사에선 보람을 느낄 수 없다. 상품을 사고자 할 때마다 당신과 당신 가게가 머릿속에 떠오르도록 노력하라.

"물건을 판다. 나를 판다."

간지로의 말을 모방한다면 이렇게 표현할 수 있지 않을까 싶다. 그런 장사를 거듭할 때 상인으로서의 기쁨, 아니 인간으로서의 행복이 찾아온다.

고객의 마음과
자신의 마음을 동일시하면
정말로 해야 할 일이
자연스럽게 보이기 시작한다.

당신이 친구가 되면 고객은 신자가 돼준다

"손님의 마음을 자신의 마음으로 삼아라."

구라모토 조지의 제자 중 한 명인 더스킨의 창업자 스즈키 세이이치가 미스터 도넛 사업에 나설 때 한 말로 알려져 있다. 고객의 마음을 자신의 마음과 동일시하는 것, 고객의 처지가 돼 보는 것의 중요성을 강조한 말이다.

고객과 친구가 된다. 이것이 장사의 이상(理想)이다. 고객은 속이거나 기만해야 할 적이 아니다. 고객은 친구이며 절친한 동료여야 한다. 친한 친구를 대할 때 손익을 먼저 생각하는 사람은 없다. 친구가 되면 상대에게 어떻게 기쁨을 줄지 생각하게 마련이다. 그리고 이를 위해서는 상대를 잘 알아야 한다.

고객과 친구가 된다는 건 사적으로 친해진다는 게 아니다. 고객과 친구가 되려면 상인은 프로여야 한다. 자신의 지식과 기술을 높이기 위한 길을 걸을 때 비로소 상인은 고객과 친구가 될 수 있다. 그리고 그 여정에는 종착점이 없다.

당신 자신이 고객의 마음이 될 수 있을 때, 당신의 사랑은 고객에게 전해진다. 그렇게 될 수 있도록 정진하라. 그러면 고객은 당신을 믿는 자, 즉 '신자'가 돼준다. 그럴 때 이익은 자연스럽게 따라온다.

자신이 손님으로서
다른 가게에서 상품을 살 때
이렇게 해줬으면 좋겠다고 생각하는 것을
그대로 실행하면 된다.

고객의 처지가 되어 생각한다

서점의 비즈니스 서적 코너에 판매나 영업을 알려주는 책이 잔뜩 진열돼 있는 모습에서도 알 수 있듯이, 수많은 상인이 어떻게 해야 물건을 팔 수 있을지 고민한다. 당신은 어떤가?

사실 판매나 영업은 굉장히 단순한 일이다. 우리는 판매원이나 영업사원이기 이전에 매일을 열심히 살아가는 생활인이며, 현명한 구매를 하려고 노력하는 소비자다. 그래서 구라모토 조지는 자신이 손님의 처지일 때 '이렇게 해줬으면 좋겠어'라고 생각하는 것을 그대로 실행하면 된다고 이야기했다.

판매란 그저 상품을 팔고 돈을 받는 게 전부인 행위가 아니다. 상품을 통해 고객의 생활을 풍요롭게 만드는 보람 있는 행위다. 상품을 파는 건 고객과 마음을 통하는 행위다. 판매는 사람과 사람의 교류에서 시작되며, 사람이 지닌 선함이 모든 것의 기본이다. 큰일이든 작은 일이든 자신의 일로 치환해서 생각해 보라. 그러면 무엇을 해야 할지가 자연스럽게 보인다. 모두가 공통으로 느끼는 생각 속에 진정으로 중요한 것이 숨어 있다.

앞으로의 장사는 돈으로 살 수 없는 가치를 창조하는 어려운 일이 될 것이다. 당신의 인간성을 유감없이 발휘해 다른 이에게 도움이 돼라. 그러면 상대는 고마워하면서 이익이라는 결과를 안겨줄 것이다.

고객에게 잘 설명하는 능력을 갖추기보다

고객의 요청에 귀를 기울이자.

고객을 제대로 바라보라

구라모토 조지는 말했다.

"사슴을 쫓는 사냥꾼은 산을 보지 못한다는 말이 있다. 이익만 쫓는 상인도 고객을 보지 못한다."

우리는 과연 고객을 제대로 바라보고 있을까?

어느 마케팅 회사가 판매원들에게 시선의 움직임을 기록하는 장치를 달아 판매 성적을 조사했다. 성적이 좋은 판매원은 고객이 가게로 들어오면 즉시 상대의 눈을 바라봤으며 그 후에도 고객의 모습을 수시로 지켜봤다. 반면 성적이 저조한 판매원은 고객이 가게로 들어와도 금방 인식하지 못했고, 얼마 후 고객을 인식한 뒤에도 고객보다는 고객이 관심을 보인 상품에 시선을 집중했다.

당신은 어느 쪽인가? 사람의 행동과 그 행동에 나타나는 마음의 움직임에 초점을 맞추는가, 아니면 팔고 싶은 상품에 시선을 집중하는가? 아무리 상품에 주의를 기울인들, 사는 주체는 고객이라는 인간이다. 우리가 봐야 할 대상은 사람이다. 그리고 그 사람의 행동에서 짐작할 수 있는 마음의 움직임이다.

당신은 혹시 고객을 설득하려고 길게 이야기를 늘어놓고 있지는 않은가? 설득이란 상대에게 이득이 된다는 점을 설명하는, 상대를 이해시키는 행위다. 반면 납득은 상대가 자신에게 이득이 된다는 사실을 스스로 이해하는 것이다. 설득과 납득. 당신의 접객은 어느 쪽인가?

3-6

나도 사고 싶은 상품이 아니라면
고객에게 권하지 말아야 한다.

구매한 고객이 정말로 기뻐하고 있는가?

"도덕 없는 경제는 범죄이며, 경제 없는 도덕은 잠꼬대다."

에도 시대 후기의 농업 행정가 니노미야 손토쿠는 경제와 도덕의 융화를 외치고 사리사욕 없이 사회에 공헌하면 언젠가 자신에게 돌아온다고 호소했다. 그는 다음과 같은 말로도 유명하다.

"장사란 팔아서 기쁘고, 사서 기뻐야 한다. 기쁨이 없다면 진정한 장사라고 할 수 없다."

여기서 팔아서 기쁘다는 건 무슨 의미일까? 이익을 내서 기뻐한다면 당신의 장사는 크게 성공하지 못한다. 물건을 산 사람이 기뻐했다는 사실에 기뻐해야 한다.

여기에는 사람이 지닌 최상의 마음 중 하나인 배려심이 있다. 구라모토 조지는 상인에게 가장 중요한 마음가짐은 '서(恕)'라고 말했다. 공자가 인간으로 살아가는 데 가장 중요한 것으로 꼽았던 그 '서'로, 자신 이외의 존재가 행복해졌으면 좋겠다고 바라는 마음이다.

장사에서 도덕이란 바로 배려를 근간으로 하는 경영이념의 실천이다. 배려를 경영이념의 중심에 두어라. 그럴 때 당신의 장사는 사람과 사람의 마음을 연결하게 된다. 상인의 기쁨은 고객의 생활을 풍요롭게 만드는 데 있다. 당신이 가치를 인정하며 갖고 싶다고 생각하는 상품, 바로 그런 상품을 고객에게 권해야 한다.

상품을 팔 때마다
돈을 내지 않고도
살 수 있는 게 있다.
호평 혹은 악평이다.

눈앞에 있는 고객을 웃게 하라

세계 최고의 판매원으로 기네스북에도 오른 조 지라드는 "한 사람은 평균 250명과 이어져 있다"라고 말했다. 일명 '250명의 법칙'이다. 고객 한 명을 만족시키면 그 고객과 이어져 있는 250명에게도 호평이 전해질 수 있다. 반대로 고객 한 명을 불쾌하게 만들면 250명에게 악평이 퍼질 우려가 있다.

고객과의 만남은 일생에 한 번뿐인 귀한 만남이다. 늘 진지한 마음으로 마주하라.

도쿄 아사쿠사에 위치한 이다야는 요리하는 사람들의 사랑을 듬뿍 받는 '조리도구의 성지'다. 이곳 점주 이다 유타는 처음 사업을 물려받았을 때만 해도 경쟁 점포에 온 신경을 집중했다. 그는 수많은 경쟁 점포의 가격을 전부 조사하고, 가격 경쟁에서 승리하고자 품질을 떨어트리면서까지 최저가에 집착했다. 그러나 사람들은 이다야를 거들떠보지도 않았고, 기존 고객도 나빠진 품질에 실망해 떠나갔다.

도산 직전에 몰려 실의에 빠져 있던 어느 날, 그는 어느 고객의 요청에 부응하기 위해 최선을 다한 끝에 그 고객의 바람을 이루는 데 성공했다. 그러자 그의 마음속에 타 점포를 신경 쓰던 시절에는 느끼지 못했던 기쁨이 솟아올랐다. 그날을 계기로 그는 번창의 길을 걷기 시작했다. 장사의 출발점은, 눈앞에 있는 고객의 웃는 얼굴이다.

대대적인 홍보보다
감동받은 고객 한 명의 작은 목소리가
가게를 더 큰 번창으로 이끈다.

수만 명의 데이터도
한 명 한 명의 만족이 있을 때 의미가 있다

고객 데이터의 필요성이 이야기된 지도 오랜 시간이 흘렀다. 기업들은 CRM(Customer Relationship Management, 고객관계관리)을 활용한 데이터의 분석에 심혈을 기울인다. 그러나 고객 데이터를 맹목적으로 믿지 마라. 데이터로 표현한 순간 고객은 인격을 잃고 하나의 숫자가 되며, 살아있는 온기를 잃어버리기 때문이다.

수백 명, 수천 명, 수만 명의 데이터가 있다 해도 그 자체로는 큰 가치가 없다. 데이터 속 구매 이력 하나하나에 고객의 만족이 있을 때 비로소 내일로 이어지는 생명력을 지니게 된다. 고객의 믿음과 사랑을 얻지 못한다면 진정한 장사가 아니다.

구라모토 조지는 고객 데이터를 모아놓고 만족하는 사람을 "착각에 빠져서 '나는 여자 100명을 홀렸어'라고 큰소리치는 남자 같은 존재다"라고 표현했다. 단 한 명이라도 당신에게 진심으로 반하도록 장사하라. 그렇게 얻은 고객은 정말로 귀중한 존재다.

에도 시대 오미(현재의 사가현)에서 목재상으로 출발한 과자가게 다네야의 경영방침을 보면, 첫머리에 이런 말이 나온다.

"타인에게는 행복을, 자신에게는 엄한 채찍을. 바로 여기에 상인의 진정한 길이 있다."

상인의 길은 인간의 길이다. 구라모토도 상인이기 이전에 좋은 인간이 되라고 했다. 바로 그것이 사랑받는 상인의 조건이다.

사기 전에, 사는 순간에, 사고 난 뒤에
각기 다른 고객의 기대에 부응함으로써
세 번의 만족을 제공하자.

상품을 사는 고객의 세 가지 감정을 파악하라

어느 시대든 고객은 상품을 살 때 필사적이다. 구입 전에는 '정말로 이걸 사는 게 맞을까?'라는 불안감을 느낀다. 스마트폰만 있으면 무엇이든 살 수 있는 시대가 되면서, 원하는 물건의 정보를 꼼꼼히 확인하는 고객이 많아졌다. 가격, 사양, 사용자 리뷰를 확인하고, 마지막으로 구입할 곳을 선택한다. 수많은 가게 가운데 당신의 가게가 선택될 확률은 점점 낮아지고 있다.

그렇다면 어떻게 해야 할까?

고객 한 명 한 명에게 최적의 정보를 제시하라. 그렇게 성실함을 인정받으면 상품에 대한 고객의 기대치가 건전하게 높아진다. 이것이 첫 번째 만족이다.

그리고 고심 끝에 구매를 결정한 고객이 상품을 손에 넣었을 때의 감정을 생각하라. 설령 상품에 만족했더라도 방심은 금물이다. 상품을 포장하고 계산대에서 결제를 하고 고객을 배웅하는 순간까지 진심을 담아라. 그 모든 과정이 고객에게 쾌감을 줬을 때 고객은 더욱 강한 만족을 느낀다. 이것이 두 번째 만족이다.

구매한 상품을 사용할 때, 먹을 때, 몸에 걸칠 때, 고객은 세 번째 감정을 품는다. 상품을 산 행위가 정말로 옳았는지 아닌지는 이때 결정된다. 기대 이하라면 불만, 기대대로라면 만족, 기대 이상일 때 비로소 만족 이상의 기쁨을 느낀다. 이 세 번째 기쁨이 있을 때 고객은 가게를 다시 찾아준다.

장사의 목적은 이익이 아니라
고객 만족이다.
그 목적을 달성했을 때
모두가 행복해지는 번창이 찾아온다.

장사는 타인에게 도움이 되는 행위다

우리가 사는 사회는 수많은 문제가 발생하지만 그때마다 '누군가'가 제시한 해결책을 통해 문제를 극복해왔다. 그 덕분에 우리는 지금 이 순간 행복하게 살아갈 수 있다. 상인의 책무는 그 '누군가'가 되려는 행위에 있다.

분필 제조 회사 일본이화학공업의 오야마 야스히로 전 회장은 "이타적인 행보야말로 거대한 자기실현의 길이다"라고 말했다. 그는 지적 장애인 고용을 통해 모두가 '누군가'에게 도움이 될 수 있음을 증명했다. 인간의 궁극적인 행복은 '누군가'를 위해 일할 때 얻을 수 있다.

일본이화학공업의 '일하는 행복 상(像)'엔 이렇게 써 있다.

"승려는 타인에게 사랑받고, 타인에게 칭찬받으며, 타인에게 도움이 되고, 타인에게 필요한 사람이 되는 것, 이 네 가지가 궁극의 행복이라고 말했다. 이 중 사랑 이외의 세 가지 행복은 일할 때 얻을 수 있다. 그리고 나는 사랑까지도 얻을 수 있다고 생각한다."

구라모토 조지는 장사와 돈벌이의 차이를 이렇게 단언했다.

"장사는 상품 하나를 팔 때마다 고객의 기쁨과 만족이 오래 계속된다. 반면 돈벌이는 상대에게 기쁨과 만족을 주지 않는다. 이것이 장사와 돈벌이의 큰 차이다."

타인에게 도움이 되고 싶다는 마음만큼 매일의 장사를 즐겁고 보람 있게 만드는 건 없다.

넓은 애정, 숨김없는 진실, 힘찬 정진으로 필요한

최저 이윤을 확보하자

4장

사랑과 진실을 바탕으로

걱정 이윤을 확보하라

장사의 본질은 반복에 있다.
지속적으로 이익을 내지 못한다면
진정한 이익이라고 할 수 없다.

이익은 축적이다

진정한 번창은 고객 한 명이 반복해서 상품을 구매해 주는 행위를 통해서만 실현된다. 그러므로 처음에는 고객 한 명에게 신뢰받기 위해 온 힘을 다하라. 이를 매일 계속하면 신뢰로 연결된 고객이 새로운 고객을 데려온다.

다카시마야(현 다카시마야 백화점) 창업자 이다 신시치는 1831년 교토에서 중고 옷과 목면을 파는 가게를 열었다. 그가 정한 가게의 규칙은 "물건의 좋고 나쁨을 고객에게 분명히 전하고, 한 점의 허위도 있어서는 안 된다"였다. 장사는 성실하고 진실해야 한다는 이 원칙을 그는 평생에 걸쳐 지켰다.

1683년, 미쓰이 에치고야 의복점(미쓰코시 백화점의 전신)의 창업자 미쓰이 다카토시는 정찰제를 약속하고 나아가 "상품이 마음에 들지 않는다면 언제라도 환불해 드리겠습니다"라는 전단지를 에도 전역에 배포했다. 상인으로서 책임을 지는 장사가 역사 깊은 점포를 키워냈다.

지속적으로 이익을 내지 않는다면 장사를 계속할 수 없다. 그러니 끊임없이 변화한다는 마음가짐으로 도전을 멈추지 마라. 강을 거슬러 올라갈 때처럼, 계속 노를 젓지 않으면 후퇴할 뿐이다.

**항상 고객의 이익을 보호하는 동시에
자신의 이익도 놓치지 않는다.
올바른 이익을 만들어내는
확고한 판매 가격을 정하자.**

가격은 상인의 철학을 반영하는 거울이다

"이유가 있어서 싸다"를 슬로건으로 1980년 탄생한 무인양품은 생활에 꼭 필요한 물건을 꼭 필요한 형태로 만들고자 끊임없이 노력해왔다. 그렇다면 적정한 품질, 적정한 가격이란 무엇일까?

구라모토 조지의 가르침을 사랑하는 무인양품 전 회장 가나이 마사아키는 "그 답을 얻으려면 생활인이 돼야 한다. 굉장히 스마트한 '가장 좋은 생활인'의 모습을 생각해야 한다"라고 말했다.

무인양품에는 적정한 품질과 가격을 위한 세 가지 원칙이 있다. 첫 번째는 '항상 좋은 가격'이다. 속옷이나 양말, 평상복, 문구 등 사용 빈도가 높고 일상생활과 밀접한 관계가 있는 중심 상품군은 좋은 물건을 최대한 싸게 사고 싶어 하는 생활인의 마음에 부응해야 한다. 두 번째는 '지키고 싶은 가격'이다. 오래 사용하는 침대나 소파, 가전제품은 조금 비싸더라도 좋은 물건을 사고 싶어 하는 생활인의 마음에 부응해야 한다. 세 번째는 '득을 보는 가격'이다. 소모 빈도가 높은 상품은 그저 싸기만 한 게 아니라 소재나 포장 등에 아이디어가 담겨 있어 싸다는 사실에 찜찜함을 느끼지 않고 마음껏 사용하고 싶은 생활인의 마음에 부응해야 한다.

가격에는 상인의 철학이 반영돼 있으며, 품질은 상인의 성실함을 비추는 거울이다. 당신의 가게에 진열된 상품 하나하나의 가격과 품질을 다시 한 번 살펴보라. 고객의 이익을 보호하면서 당신의 이익도 놓치지 않는 가격인가?

이익이란
고객에게 신뢰받은 증거이며,
상인이 책임지는
미래를 위한 자원이다.

고객을 위해 더욱 이익을 내라

우리는 지금까지 저렴한 가격에 지나치게 의존해왔다. 경쟁 점
포에 대항하려고, 판매가 부진하다는 이유로, 안일하게 가격표
를 다시 써왔다. 하지만 우리가 정말로 해야 할 일은 직원이나 생
산자가 일을 통해 성장해서 더 좋은 상품을 제공할 수 있도록, 더
욱 풍요로워지도록 하는 것이다.

그런 풍요로움이 만들어내는 가치를 당신의 가게에서 얻을 수
있는 사람은 누구일까? 물론 고객이다. 이를 위해 우리는 더 이
익을 내야 한다. 이익이란 고객에게 신뢰받은 증거이며, 미래를
위한 자원이다.

구마모토현 기쿠치시에 있는 와타나베 상점의 대표 와타나베
요시후미는 가업을 물려받자마자 당시 주류 업계를 크게 뒤흔든
가격 경쟁에 휘말려 싸게 파는 데 집중했다. 그래서 처음엔 장사에
희망이 없어 보였다. 하지만 자라나는 세대를 위해 일본의 농업과
식생활을 개선하고 싶다는 마음으로 지역 생산자가 재배한 쌀을
판매하기 시작했다. 우여곡절 끝에 지금은 전국에 단골이 생겼다.

"이익이 되면 무엇이든 파는 '장사꾼'이 아니라 생산자와 소비
자 모두에게 행복을 주는 '상인'이고 싶습니다"라고 말하는 그는
거의 모든 물량을 생산자가 제시하는 가격에 사들인다. 진짜를
만드는 생산자를 보호하고 그 농작물을 미래로 연결해 나가고 싶
다는 마음에서다.

이익은 크기 때문에 대단한 것이 아니다.
좋은 질을 동반할 때
이익은 비로소 진정한 가치가 있다.

장사의 철학

'양'은 '질'을 동반해야 의미가 있다

매출이나 이익처럼 숫자로 나타낼 수 있는 '양'은 장사에서 매우 중요한 잣대다. 고객 한 명 한 명의 만족이 축적돼서 '양'이라는 형태로 나타나기 때문이다. 그러나 계속 그 잣대에만 의지하며 장사하면 번창으로 향하는 여정에서 길을 잃고 헤매게 된다. '질'이라는 잣대가 있음을 잊어서는 안 된다. 양은 질을 동반할 때 비로소 의미를 지닌다. 질을 잊고 양을 추구하면 장사는 망한다.

"다섯 가지 No"라는 표어를 내건 가게가 있었다. 그 다섯 가지는 "설명하지 않는다.", "전시하지 않는다.", "교환하지 않는다.", "해약하지 않는다.", "무료 서비스는 하지 않는다"였다. 저가 정책을 위해 고객 서비스를 줄이는 경영 자세는 "저렴함이 곧 정의다"라고 외치는 듯했다. 한때는 저렴함에 매료된 소비자의 지지를 받아 매출이 증가하고 점포 수도 증가했지만, 다른 가게가 가격 경쟁에 동참하자 결국 도산하고 말았다. 급격히 부풀어 올랐지만 자신의 한계를 넘자 결국 터져버린 풍선 같은 모습이었다.

구라모토 조지는 "정신, 혼, 마음이야말로 장사의 본질이다"라고 말했다. 아무리 이익을 냈더라도, 큰 기업이 됐더라도, 업계에서 지배적인 지위를 구축했더라도, 그 마음이 진실하지 않다면 진정한 상인의 기쁨을 느낄 수 없다. 장사의 본질은 어디까지나 한 사람 한 사람에게 행복을 파는 일이다. 그러지 않는다면 양은 의미가 없다.

4-5

이익은 장사의 목적이 아니다.
목적을 실현하기 위해
이익이 필요할 뿐이다.

본래의 목적을 항상 잊지 마라

목적과 목표. 이 두 가지의 차이는 무엇일까? 목적은 최종적으로 지향하는 도달점을 가리킨다. 그리고 목표는 '표(標)'라는 글자에서 알 수 있듯이 목적을 달성하기 위한 표적이다. 목적을 달성하기 위해 목표를 세우고, 목표를 달성하기 위해 수단을 동원한다.

목표는 구체적인 것이고 목적은 추상적인 것이다. 목표는 수치로 나타낼 수 있지만 목적은 수치로 나타낼 수 없다. 목표는 많아도 상관없지만, 목적은 단 하나여야 한다.

우리는 종종 목표를 좇다 목적을 잃곤 한다. 본래의 목적을 잊은 채 목표를 이루기 위한 수단을 목적으로 여기는 잘못을 저지르곤 한다. 왜 이런 일이 일어날까? 목적은 눈에 보이지 않기 때문이다.

생텍쥐페리는 《어린 왕자》에서 여우의 입을 빌려 말한다.

"마음으로 보지 않으면 잘 보이지 않아. 중요한 건 눈에 보이지 않는 법이거든."

당신의 장사에서 중요한 건 무엇일까? 이익일까? 아니면 이익을 내서 얻으려 하는 뭔가일까?

이익은 구체적이고, 눈으로 볼 수 있으며, 수치로 나타낼 수 있다. 생텍쥐페리는 《어린 왕자》에서 이런 말도 남겼다.

"사람들은 급행열차를 타고 바쁘게 돌아다니지만, 자신이 무얼 찾고 있는지도 잘 몰라."

**이익을 내는 것과 번창하는 것은 별개다.
이 둘을 일치시키는 게
상인의 올바른 모습이다.**

당신이 하는 장사의 '뜻'을 잊지 마라

에도 시대 말기의 사상가이자 교육가, 혁명가 요시다 쇼인은 열일곱 살 때 여행을 떠나는 친구에게 말했다.

"무슨 일을 하든 확고한 뜻을 갖는 게 중요해."

그는 이어서 친구를 격려했다.

"뜻이 있으면 기력도 솟아나는 법이야. 뜻과 기력을 겸비하면 아무리 목표가 멀더라도, 어려움이 있더라도 달성하지 못할 일은 없어."

그는 스물아홉에 세상을 떠날 때까지 뜻의 중요성을 끊임없이 설파했다. 뜻이란 당신이 장사를 할 때도 없어서는 안 될 기둥이다.

그렇다면 뜻이란 무엇일까? 그 답은 "무엇을 위해 장사를 하는가?"라는 질문 속에 있다.

구라모토 조지는 "상인의 목적은 타인을 행복하게 만드는 것이다"라고 말했다. 오직 이 한 가지를 위해서 상인은 이익을 낼 의무를 진다. 이익은 목적을 이룬 결과일 뿐이다.

상인의 행복은 고객을 행복하게 만드는 데 있다. 번창이라는 큰 나무는 판매자와 구매자 쌍방의 행복이라는 떡잎에서 성장한다. 작은 떡잎이 마르지 않도록, 뜻이라는 양분을 끊임없이 줘야 한다.

무엇을 위해 얼마나 이익을 낼지
한 번 더 생각하자.
그것이 장사의 출발점이다.

장사는 그저 돈벌이가 아니다

당신은 왜 그렇게까지 이익을 내는 데 열을 올리는가? "장사란 그런 거야"라며 소중한 인생을 낭비하고 있진 않은가? "돈만 벌면 돼"라며 약간의 돈을 더 벌기 위해 억지웃음을 짓고 있진 않은가?

거짓말 섞인 설명으로 고객을 기만하는 상인이 여전히 존재한다. 구라모토 조지의 친구 오카다 도루는 이렇게 단언했다.

"인간의 성실함, 아름다움, 따뜻함을 이용해서 약간의 돈을 얻는 것이 장사라고 생각한다면 당장 장사를 그만두는 편이 좋다."

그런 부끄러운 장사라면 하지 않는 편이 타인을 위하고 세상을 위한 길이다. 진정한 장사는 그렇게 얄팍한 게 아니다.

고객을 이웃으로서 존경하고, 관대한 마음으로 동료로서 대우하며, 고객이 좋은 상품을 사도록 전문가로서 지식을 키워라. 친한 친구로서 고객이 가게에 와주는 것을 기뻐하고, 눈앞의 이익에 얽매이지 말고 고객을 위해 고심하라.

이익은 자신과 관련된 모든 사람의 미래를 밝게 비추는 등불을 태우기 위한 연료다. 그 사실을 명심할 때 장사의 길이 크게 열린다. 장사라는 일 속에 더 아름다운, 더 훌륭한 삶의 자세가 있음을 잊지 마라.

**상인이 이익을 탐하는 것과 마찬가지로
고객 또한 이익을 바란다.**

고품질의 저렴함을 추구하라

싸니까 사는 것이라는, 고객을 경멸하는 사고방식을 버려라. 대형 세일로 장사진을 만들었던 일을 자랑하기도 그만두자. 구라모토 조지는 이런 말을 남겼다.

"싸면 된다는 건 없다. 염가 판매에도 합리성이 있어야 한다. 싼 가격에 팔아야만 소비자들에게 지지를 받는 건 아니다."

기만적인 저렴함은 사람의 마음을 슬프고 빈곤하게 만들 뿐이다.

싸다는 뜻의 영어에는 '치프(cheap)'와 '리즈너블(reasonable)'이 있다. 전자는 '싸구려'라는 어감이 담긴 '낮은 품질의 저렴함'이며, 후자는 '높은 품질의 저렴함'을 나타낸다. 명사형 '리즌(reason)'에는 '이유' '도리' '양식(良識)'이라는 의미가 있다. 당신이 자랑하는 저렴함은 어느 쪽인가?

그 가격인 이유를 누구나 쉽고 명확하게 알 수 있어야 한다. 사는 게 이익인 이유가 명확해졌을 때 고객은 비로소 상인의 성실함을 발견하며, 그럴 때 신뢰가 생겨난다. 진정한 저렴함은 단순히 가격표의 액수에 있지 않다. 관여한 모두가 행복해질 수 있는 가치를 지니며, 고객의 마음에 감동과 찬탄을 만들어내야 한다. 혼을 담은 매입과 상품 제작만이 그런 저렴함을 실현할 수 있다.

장사의 목적은
사람을 행복하게 만드는 것이다.
상인은 오직 그 목적을 위해서만
이익을 낼 의무를 진다.

장사의 철학

당신의 가게는 세상에 존재하는 편이 나은 곳인가?

우리는 매일 먹어야 살 수 있는 존재지만, 먹는 것 자체가 삶의 목적은 아니다. 그럼에도 우리는 때때로 목적과 수단을 혼동한다. 장사도 마찬가지다. 장사의 목적은 사람들의 행복을 키우는 것이다. 오직 그 목적을 위해서만 상인은 이익을 낼 의무가 있으며 이익이 필요하다. 그리고 그 목적을 이룬 모습을 번창이라고 부를 뿐이다. 장사를 해서 돈을 번다는 건 고객으로부터 돈을 **빼**앗는 게 아니라 고객이라는 친구의 이익을 늘리는 일이다.

'경영의 신'으로 불렸던 마쓰시타전기 창업자 마쓰시타 고노스케는 이렇게 말했다.

"장사는 세상을 위한, 사람들을 위한 봉사이며, 이익은 그에 대한 당연한 보수다."

1936년 작성해 계열 가전제품 판매점을 대상으로 배포한 〈마쓰시타전기 가맹점 경영 자료〉에 '장사 전술 30개조'가 있다. 그중 제1조가 바로 이것이다. 여기서 그의 경영철학과 구라모토 조지의 경영철학의 공통점을 엿볼 수 있다. "장사의 진정한 목적은 이익을 내는 것이 아니다"라고 단언한 구라모토는 상인들에게 끊임없이 말했다.

"당신의 가게가 세상을 위해 있는 편이 좋은 곳인지, 없어도 상관없는지 생각해 보자. 없어도 문제없다면 존재할 의미가 없다."

지금의 우리도 스스로에게 계속해서 이 질문을 던져야 한다.

(4-10)

이익의 많고 적음은
중요한 문제가 아니다.
사랑과 진실에 기반을 둔
이익이냐 아니냐가 중요하다.

이익이란 마음의 땀이 방울방울 떨어져 결실을 이룬 것

구라모토 조지는 올바른 이익을 "가게가 고객의 신뢰를 얻었다는 생생하고 확실한 증거"라고 정의했다. 그리고 진정한 이익이란 "고객을 위해 열과 성을 다했을 때 흘린 마음의 땀이 방울방울 떨어져 결실을 이룬 것이어야 한다"라고 했다. 즉 이익의 양보다 질에 더 큰 가치를 뒀다.

많은 상인에게 올바른 길을 제시한 구라모토는 '쇼와 시대의 이시다 바이칸'으로 불린 사내였다. 이시다 바이칸은 사농공상의 봉건 사회였던 18세기 에도 시대에 무사도 서민도 다르지 않다고 했다. 신분은 인간의 가치를 의미하는 게 아니라 직분의 차이에 불과하다고 주장했다. '석문심학(石門心学)'으로 불린 이시다의 가르침은 유교·불교·신도(神道)의 사상을 도입한 도덕철학이었다. 그가 세상을 떠난 뒤에도 수많은 제자에게 계승돼 평민부터 무사에 이르기까지 널리 확산됐다.

여덟 살에 교토의 상점에서 사환으로 일하기 시작해 오랫동안 상점에서 일했던 이시다는 장사의 길에 관해서도 이야기했다. 당시는 경멸스럽게 여겨졌던 상인의 영리활동을 하늘의 이치라며 적극적으로 인정하고, 정직·검약·근면을 세 가지 덕으로 삼아 장사에 힘쓰라고 장려했다. "상인이 장사로 얻는 이익은 무사의 녹봉과 같다"라고 이익을 긍정한 그의 사상은 이후 일본의 산업 발전을 뒷받침했다.

적자는 사회에 대한 가슴 아픈 죄임을 깨닫고,

이익은 손님과 함께 나누는 기쁨임을 알자

5장

적자는 사회를 위해서도

죄악이다

상품이 많다고 자랑하기 전에,
가격이 싸다고 내세우기 전에,
상품 하나하나에
품질을 보증하는 도장을 찍고 있는가?

고객이 좋아하는 상품보다 고객을 위한 상품을 팔아라

당신은 어떤 기준으로 상품을 개발하고 라인업을 갖추는가? 다른 가게에서 잘 팔리는 상품을 갖춰놓으면 당장은 매출이 오를지 모른다. 그러나 계속 그런 식으로 장사해도 되는 걸까?

마쓰시타전기의 '장사 전술 30개조' 중 하나는 이런 내용이다.

"무리하게 팔지 마라. 고객이 좋아하는 것도 팔지 마라. 고객을 위한 것을 팔아라."

상인은 철학이 있어야 한다. 무엇을 위해, 누구를 위해, 무엇을 팔 것이냐는 신념이 필요하다.

군마현 다카사키시에 있는 마루오카는 '기적의 슈퍼마켓'으로 불린다. 점주 마루오카 마모루는 이렇게 말했다.

"식품은 잘 팔린다고 좋은 상품이 아닙니다. 광고에 세뇌된 고객이 원하는 상품을 파는 게 아니라, 고객에게 도움이 되는 상품을 소개하고 공감을 얻어서 구매로 연결시켜야 합니다. 상인의 기쁨은 바로 여기에 있습니다."

마루오카의 진열대에는 다른 슈퍼마켓에서 잘 팔리는 인기 브랜드 상품이 없다. 가게에서 직접 맛을 본, 아는 사람은 그 진가를 아는 상품뿐이다. 엄선한 신상품에는 추천 스티커가 붙어 있다. 점주가 품질을 보증하는 도장인 셈이다. 상품이 많다고 자랑하기 전에, 가격이 싸다고 홍보하기 전에, 당신도 상품 하나하나에 품질 보증 도장을 찍으며 장사하라.

**사랑하는 마음으로
상품 하나하나를 매입하자.
그러면 진실한 마음으로 팔 수 있다.**

당신의 가게엔 고객이 진심으로 원할 것이
틀림없는 물건들로 채워져 있는가?

고객에게 "어서 오세요"라고 말할 때, 당신은 어떤 마음인가? 아마도 당신은 마음이 설렐 것이다. 고객이 원하리라고 확신하는 상품을 갖춰놓았으니 말이다.《상업계》초창기 리더 중 한 명인 오카다 도루는 그런 상태를 "가게와 고객, 당신과 고객이 끊임없이 사랑을 주는 마음으로 이어졌을 때 비로소 절대 번창의 길이 열린다"라고 표현했다.

'뭐라도 좋으니 사줘'라는 속마음이 투명하게 보이는 가게에는 고객이 오지 않는다. 가게 밖에서도 그런 분위기가 느껴지기 때문이다.

당신의 가게는 모든 물건이 갖춰진 가게도, 저렴함만을 내세우는 가게도 아니다. 당신의 가게에 있는 상품은 하나같이 고객의 얼굴을 떠올리면서 갖춰놓은, 고객 본인은 아직 깨닫지 못했지만 진심으로 원할 게 틀림없다고 확신하는 것들이다. 그렇기에 당신은 거짓 없는 진실한 마음으로 고객을 맞이하고 있다.

진심으로 고객 한 명에게 기쁨을 주는 게 얼마나 힘든 일인지 생각해 보라. 그런데 당신은 고객 한 명 한 명에게 그 기쁨을 주는 장사를 매일 계속하고 있다. 이 얼마나 행복한 일인가? 이 얼마나 영광스러운 일인가? 구라모토 조지는 "상인이란 이토록 기쁘고 보람으로 가득한 존재다"라는 말로 상인들을 격려했다.

이익을 내겠다는 생각으로
상품을 매입해서는 안 된다.
고객이 기뻐하는 얼굴을 떠올리면서
매입하라.

고객보다 더 고객을 생각하라

미디어를 통해 보이지 않는 상대에게 상품의 가치를 전한 상인이 있다. 홈쇼핑 회사 자파넷타카타의 창업자 다카타 아키라다.

"고객을 느끼는 마음을 가지십시오. 고객이 무엇을 원하고 있는지 느끼는 사람이 되십시오."

그는 그런 인간성을 갈고닦지 않으면 기업도 사람도 지지받지 못한다고 말했다.

자파넷타카타의 판매는 제조사가 만든 상품 카탈로그를 구석구석 철저히 읽어 완전히 자기 것으로 만드는 데서 시작된다. 다만 카탈로그의 내용을 그대로 설명하지는 않는다. 자기 것으로 만든 상태에서 상품 너머에 있는 고객의 생활이나 바람을 생각하고 자신만의 말로 표현한다.

"상대를 생각하고 그 마음이 전해졌을 때 비로소 타인의 마음을 움직일 수 있습니다. 물건이 안 팔린다고 고민하는 이들을 종종 보는데, 상품은 판매원과 고객의 커뮤니케이션이 원활해야 팔립니다. 자신만의 표현으로 이야기해서 고객과 마음이 이어졌을 때 비로소 가치관이 공유되고 고객이 상품을 사주게 되죠."

아마존 창업자 제프 베이조스도 "우리는 물건을 팔아서 이익을 내는 게 아니다. 고객이 구매를 판달할 때 그 판단을 도움으로써 이익을 내는 것이다"라고 말했다. 고객 이상으로 고객을 생각해 온, 미국과 일본 두 상인의 공통점을 여기서 발견할 수 있다.

상품 하나를 매입하면서
희망에 가슴을 부풀리고,
상품 하나를 팔면서
고객의 기쁨을 느끼자.

상품을 소개하는 데 진심을 담아라

'문고X'를 아는가? 도호쿠의 한 서점이 어떤 문고판에 커버를 씌워 책의 제목과 저자명을 숨긴 뒤 비닐로 밀봉해서 판매했다. 매장의 한 구석에서 시작된 이 기획은 일개 서점에서는 생각할 수 없을 만큼 경이로운 판매 실적을 올렸다.

"어떻게 해야 더 많은 독자가 읽어줄지 고민한 결과, 내용물을 숨기기로 했습니다"라고 회상하는 담당자의 열정이 이뤄낸 기적이다. 커버엔 담당자가 손으로 쓴 다음과 같은 메시지가 적혀 있다.

"죄송합니다. 저는 이 책을 어떻게 추천해야 할지 모르겠습니다. 어떻게 해야 '재미있다', '매력적이다'라고 생각해 주실지 아이디어가 떠오르지 않았습니다. 그래서 이렇게 제목을 숨기고 팔자고 결정했습니다. 이 책을 읽고 감동하지 않는 사람은 없으리라고 확신합니다."

이후 많은 서점이 비슷한 기획을 했지만 성공한 곳은 없었다. 문고X의 본질은 상품을 팔기 위한 판촉이 아니라, 일종의 전도였다. 가치를 전하고 싶다는 마음에 문고X의 본질이 있다. 500페이지가 넘어 읽기에 쉽지 않은 책임을 알린 뒤 "그럼에도 저는 당신이 이 책을 읽었으면 합니다"라고 호소한 것이다.

상품 라인업은 상인의 철학이고, 판매 방법은 인간으로서의 열의다. 당신은 고객이 이 상품을 만나도록 연결해 주고 싶다는 마음을 얼마나 품고 있는가?

**상품을 매입할 때 거만하게 사기 때문에
팔 때는 고개를 숙여야 한다.**

고객을 위해 동료들과 힘을 모아라

이시다 바이칸은 "진정한 상인은 상대의 체면을 세우면서 자신의 체면도 세울 방법을 궁리한다"라고 말했다. 과자가게 다네야도 구매자와 판매자와 세상에 모두 이로운 장사를 지향했다.

고객은 상인보다 높은 존재도 아니고 내려다볼 존재도 아니다. 신도 아니지만 공략해야 할 타깃도 아니다. 가격으로 유혹하면 넘어온다고 단순하게 생각해도 되는 존재 또한 아니다.

돈을 벌고 싶다면 주식을 하는 편이 낫다. 매일 아침부터 밤까지 바쁘게 장사할 필요가 없다. 도매상에 영합하거나 비위를 맞출 필요도 없다. 장사는 고객을 위해서 하는 일이다. 진정한 상도(商道)는 고객에게 진심으로 봉사해 사랑받는 데 있다. 그 단 하나의 목적을 위해 힘을 합칠 도매상, 매입처가 필요하다. 그리고 고객을 소중히 생각해 주는 직원이 필요하다. 혼자서는 장사를 할 수 없다.

그들과 함께 가기 위해서는 배려가 중요하다. 배려는 타인을 위한 것이며, 돌고 돌아서 자신을 위한 것이 된다. 그 양은 많을수록, 그 질은 높을수록 좋다. 보상은 반드시 찾아온다.

많이 팔려고 노력하기보다
한 명이라도 더 많은 고객에게
만족을 주려고 노력하는 것이
진실한 판매다.

연인을 생각하는 마음으로 고객을 생각하며 판매하라

판매란 어떤 행위일까? 물물교환은 바닷가에 사는 사람과 산에 사는 사람이 각자의 수확물 중 남아도는 걸 교환하면서 시작됐다고 한다. 그 과정에서 서로 다른 문화가 교류했고, 사람과 사람이 만났다. 요컨대 판다는 건 사람과 사람이 만나는 행위이고, 마음과 마음을 연결하는 행위다. 여기서 모든 게 시작된다.

어떤 고객의 얼굴을 떠올리고, 그의 생활을 상상해 보라. 그를 위해 상품을 매입하거나 만들 때, 당신의 머릿속엔 무엇이 떠오르는가? 상거래로 얻는 돈이 아니라 그가 기뻐하는 얼굴일 것이다. 상인에게 고객은 친구이자 연인 같은 존재다. 구라모토 조지는 〈연인의 마음〉이라는 시를 남겼다.

당신은 연인의 마음을 알겠지요
저는 고객의 마음을 알 수 있어요
상인과 고객의 사이가 늘 그러하기를

고객이 가게에 와서 그 상품을 보곤 '그래, 이게 내가 원했던 거야'라고 기뻐하며 샀다. 바로 여기에 상인의 기쁨이 있다. 당신도 그런 경험을 해봤을 테고, '상품을 파는 건 참 멋진 일이구나.' '장사란 훌륭한 일이야.' 하고 생각하지 않았을까? 당신이 매일 하고 있는 판매는 그런 일이다.

**팔아서 즐거웠다는 생각이 들었다면,
틀림없이 고객도 사서 기쁠 것이다.**

당신의 가게는 즐겁고 고마운 곳인가?

제2차 세계대전 이후 일본에서는 체인스토어 경영이라는 비즈니스 모델을 지향한 수많은 상인이 발자취를 남겼다. 그 본질은 효율화, 표준화, 분업화의 추구였으며, 수요가 공급을 웃돌던 시대에 이를 통해 생활이 풍요로워졌다. 그러나 과도한 분업화는 장사에서 즐거움을 빼앗기도 했다. 우리는 중요한 것을 어딘가에서 잃어버렸는지도 모른다.

그 중요한 것은 바로 고객 한 명을 위해 손익을 따지지 않고 장사하는 즐거움이다. 일본에 체인스토어를 소개하고 그 성장에 힘을 쏟았던 구라모토 조지는 체인스토어를 가로수에 비유하며 다음과 같이 지적했다.

"도시에 나무가 필요한 이유는 공기를 신선하게 만들고 사람들에게 평온함을 주기 위함이다. 그러나 가로수 중에 정말로 사람들에게 기쁨을 주고 아름다움을 느끼게 하는 나무는 많지 않다. 가로수가 아닌 편이 더 좋은 나무가 있다. 작은 풀 한 포기, 쭉쭉 가지를 뻗은 자연의 나무에만 존재하는 가치가 있다. 그런 나무는 자연에 있는 편이 더 인간에게 큰 기쁨을 준다."

우리가 지향해야 할 길이 바로 여기에 있다. "이 거리에 당신의 가게가 있어서 다행입니다. 당신이 있기에 삶이 즐거워요"라는 고객의 말은 기업의 규모나 점포의 수보다 더 의미가 크다. 상인의 기쁨은 고객의 "고맙습니다"라는 말 속에 있다.

**상품 지식이 없다는 건 상인으로서
불성실하다는 뜻이며,
그런 가게에는 번창이 찾아오지 않는다.**

상품 지식은 최고급의 서비스다

판매의 프로페셔널이란 친절하고, 예의 바르며, 인상이 좋을 뿐만 아니라 자신의 전문 영역에 통달한 사람을 가리킨다. 풍부한 상품 지식과 뛰어난 기술이야말로 고객과 가게를 이어주는 다리다. 구라모토 조지는 "상품 지식이 없는 판매원은 의학 지식이 없는 의사와 마찬가지로 위험할 뿐만 아니라 사회에 해를 끼치는 존재다"라고 강하게 말했다.

야기시타 고조가 창업한 가쿠조교루이는 일본 최고의 생선가게를 목표로 한다. 일본인의 생선 소비가 꾸준히 감소하는 가운데도 점포당 매출액을 계속 높이고 있다. 매장에 진열된 다양한 제철 생선과 그 생선을 어떻게 조리해야 맛있는지 잘 아는 직원들이 이 가게의 번창을 이끌었다. 슈퍼마켓에서는 높은 폐기율 때문에 생선 부문을 '짐짝 부문'이라고 부르는데, 이곳의 폐기율은 0.05퍼센트에 불과하다. "사는 마음 같은 마음으로 파는 마음"이라는 경영 이념 아래 신선도, 가격, 진열, 태도의 향상을 추구한 결과다.

작은 가게라도 한 가지 상품에 정통하자. 만족스러운 상품을 고를 수 있다면 고객은 반드시 찾아온다. "이 상품은 우리 가게에서"라고 자신 있게 말할 수 있는 가게를 만들어라. 그러려면 가게 구석구석까지 신경을 써야 한다. 거짓말이나 불성실함이 존재를 인정받을 수 있는 곳은 어디에도 없다. 가게는 상인의 정직하고 성실한 인품을 표현하는 장소다.

아무리 돈을 벌 수 있는
솔깃한 얘기가 있더라도
가장 보람 있는 일은 자신의 가게에 있다.

당신의 장사는 사회에 행복을 주고 있는가?

장사의 보람은 언제 느낄 수 있을까? 바로 상품을 사고팔 때마다 서로의 마음이 따뜻해지는 장사를 할 때다.

어느 마을의 역사 깊은 전통의복점을 이어받은 한 젊은이의 장사는 제2차 세계대전 직후의 잿더미 위에서 시작됐다. 당시 학생이었던 그 젊은이는 공습으로 잿더미가 된 가게 터에 작은 판잣집을 세우고 영업 재개를 알리는 전단지를 뿌렸다.

"초토(焦土)에 엽니다."

'불타버린 폐허 위에서도, 나는 다시 시작합니다'라는 뜻이었다.

중일전쟁 이후 일본에서는 경제 통제로 인해 상인이 자유롭게 물건을 팔 수도, 전단지를 뿌릴 수도 없었다. 그렇기에 전단지를 본 많은 고객이 그 가게를 찾아갔고, "드디어 전쟁이 끝났네요"라며 눈물을 흘리는 사람도 있었다. 전단지 한 장이 새로운 시대의 시작을 알린 셈이다. 이때 그 젊은 상인은 소매업은 평화의 산업임을 확신했다. 전통의복점 오카다야의 7대 점주이며 유통기업인 이온그룹을 만든 오카다 다쿠야의 이야기다.

상인은 생활에 즐거움을 곁들이고, 평화를 가져다주며, 행복을 느끼게 하는 상품을 지식과 경험을 바탕으로 올바르게 제공하기 위해 사회에 존재한다. 또한 상점은 상인이 이를 자각하고 사람들에게 좋은 상품을 샀다는 기쁨을 주기 위해 존재한다.

**판매량이 아니라
매매의 질, 고객과의 마음의 교류가
장사의 본래 모습이다.**

장사의 길은 성실함을 다하는 인간의 길이다

안경 전문점 이와키의 창업자 이와키 지로는 "모든 것은 고객을 위해 존재한다"를 경영이념으로 내걸고 "상인의 길은 바로 성실함을 다하는 인간의 길이다"라고 끊임없이 말했다. 그는 구라모토 조지를 스승으로 평생 존경했고, 구라모토 역시 이와키를 벗으로서 사랑했다. 두 사람은 가게는 손님을 위해 존재한다는 생각을 함께 추구한 동지였다. 구라모토는 "진정한 친구는 올바르게 살아가기 위해 가장 중요한 존재다"라는 글을 남겼다.

이와키는 장사의 규모나 매출액보다 성실함, 상대의 처지가 돼서 생각하는 마음을 우선한 상인이었다. 제2차 세계대전 중에 물자가 부족해 물가가 상승하는 중에도 전쟁 전과 같은 가격을 고수했다. 그래서 그의 가게 앞은 안경을 사려는 사람들로 장사진을 이뤘다. 손님들 사이엔 '한 명당 하나만'이라는, 타인을 배려하는 암묵의 규칙도 자연스레 생겼다. 무리해서 규모를 늘리거나 판매자 사정만 생각하며 장사하지 않았다. 이것이 이와키의 장사다.

'이와키 정신 12개조'는 "단 한 명이라도 만족하지 못하는 고객이 있어서는 안 된다." "진심을 담은 친절한 마음과 풍부한 상품 지식은 고객에 대한 가장 큰 서비스다." 등으로 이뤄져 있다. 그의 가르침은 지금도 이어져 고객과 직원의 마음의 교류를 촉진하고 있다. 그렇기에 이와키는 그곳에서 안경을 사는 걸 기쁨으로 여기는 고객들로 늘 붐빈다.

장사의 혁신과 번영을 위해 동지와 힘을 모으고,

서로 지혜와 지식을 빌리자

6장

서로 지혜와 힘을 합쳐 일하라

직원은 가게를 구석구석까지 알고 있는
가장 소중한 고객이다.

직원과 함께 기뻐하고 직원과 함께 운다

좋은 직원은 좋은 점주 밑에서 자란다. 좋은 점주는 좋은 경영철학과 경영이념 밑에서 성장한다. 직원의 질이 낮다고 한탄하는 점주일수록 자신이 성장하지 못하고 있다는 사실을 깨닫지 못한다. 좋은 점주가 되지 않고서는 좋은 직원을 키울 수 없다. 구라모토 조지는 "직원은 점주의 분신이다"라고 말했다.

직원과 함께 걸으며 맨몸으로 세계 최대의 소매기업을 만들어낸 상인이 있다. 20세기를 대표하는 경영자 중 한 명인 월마트 창업자 샘 월턴이다. 그는 경험을 통해 얻은 장사의 법칙을 10편의 짧은 문장으로 정리했다. '샘의 10가지 원칙' 중 절반이 직원과 관련된 내용이다. "매장을 가장 잘 아는 사람은 현장의 직원이다. 그들이 알고 있는 것을 알아내지 않으면 회사는 언젠가 위기에 빠진다"라는 명언도 있다.

구라모토 역시 성공의 비결을 이렇게 말했다.

"직원은 성공에 필요한 동반자다. 도중에 이탈하지 않게 하기 위해서라도 진실과 애정의 유대가 필요하다."

인재 육성의 기본에 대해서도 이야기했다.

"사람을 키우는 데는 어떤 비결도 필요 없다. 직원 또한 자신과 마찬가지로 실수도 하는 인간임을 알면 된다."

직원을 능숙하게 칭찬하거나 질책하는 것보다 직원과 함께 기뻐하고 함께 우는 것이 번창의 왕도다. 월턴의 성공이 좋은 예다.

고객에게 사랑받는 가게는
손님이 직원이 되고,
그 가게에서 일하는 직원이
최고의 단골손님이 된다.

번창하는 가게에는 겉과 속이 존재하지 않는다

구라모토 조지가 "장사에서 중요한 건 사람됨인데, 이 가게는 그 경영자가 그렇듯이 참으로 훌륭하다"라고 평가한 가게가 있다. 오다 도요시로가 창업한 홋카이도 대표 과자가게 롯카테이다. 구라모토는 "이 가게의 직원이 잘 교육받았음은 누가 봐도 알 수 있다"라고 평가하고, 그 이유로 "직원 교육이라는 건 가게가 번창하기 위한 수단이 아닙니다. 젊은 사람의 장래를 위해 점주가 해야만 하는 일이죠"라는 오다의 말을 소개했다.

직원들의 직장에 대한 애착과 자신의 일에 대한 자부심, 보람이야말로 롯카테이가 많은 고객에게 사랑받고 있는 증거다. 고객의 만족과 직원의 보람은 정비례한다. 고객도 직원도 모두 감정이 있는 인간이라는 사실을 잊지 마라. 어떤 사람은 당신의 가게에서 물건을 사고, 어떤 사람은 당신의 가게에서 일하고 있다는 인연의 차이가 있을 뿐이다.

고객에게 사랑받지 못하는 가게는 직원에게도 사랑받지 못한다. 반대도 마찬가지다. 그런 가게는 고객에게 보여주는 '겉'의 얼굴과 보여주지 못하는 '속'의 얼굴을 지니고 있다. 반면 번창하는 가게는 고객에게나 직원에게나 하나의 얼굴만 보여준다.

구라모토는 "시내의 젊은 여성들에게 어디에 취직하고 싶은지 물어보니 1순위가 롯카테이이고 2순위가 은행이었다"라는 이야기도 했다. 이런 분위기는 지금도 면면히 이어지고 있다.

직원은 도구가 아니라 소중한 가족이다.

사업 경비가 아니라 가치 창조의 주역이다.

직원은 그저 일손일 뿐일까?

"일손이 부족해"라는 표현을 사용한 적은 없는가? 장사의 중요한 협력자인 직원을 '일손'이라고 부르며 도구 정도로만 생각하지는 않는가?

우수한 직원일수록 단순히 임금을 위해서만 일하지 않는다. 시간은 모두가 평등하게 가진 한정된 자원이며 인생 그 자체다. 노동이란 그런 중요한 자원을 당신의 장사에 투자하는 행위다. '임금을 주고 있으니 일손이라고 부르는 건 내 자유야'라는 식으로 생각하고 있지는 않은가? 그래서 당신의 장사가 대성하지 못하는 것이다.

구라모토 조지는 말했다. 장사에는 고객이라는 선의의 사랑스러운 사람들에게 기쁨을 주고 그들의 행복을 지키려는 마음이 필요하다고. 장사는 단순히 물건과 돈을 교환하는 일이 아니라 그것에 진심을 담는 행위이기 때문이라고.

구라모토의 말에 따르면, 직원은 자신과 같은 마음을 가진 '제2의 자신'이다. 그들은 소중한 가족 같은 존재이며, 가치 창조의 주역이다. 그렇기에 직원 한 명을 찾기 위해서도, 키우기 위해서도 따뜻한 애정이 필요하다.

（6-4）

**우수한 판매원이란
친절하고 배려심이 있으며
친구로 삼고 싶어지는 사람이다.**

직원에게 감사하고 인간으로서 존중하라

직원들이 "여기는 미래가 없어"라며 차례차례 떠나간 가게가 있다. 점주는 "나는 이렇게 열심히 노력하는데, 왜 몰라주지?"라며 그들을 원망하기만 했다.

그랬던 가게가 지금은 직원 한 명 한 명이 개성을 발휘하며 활기차게 일하고 저마다 자신의 팬을 보유한 가게가 돼 번창하고 있다. 과거에는 직원들이 서로 아웅다웅하기 바빴는데, 지금은 동료와 협력하며 고객 한 명 한 명의 만족을 위해 노력을 아끼지 않는다. 점주가 다른 사람으로 바뀐 것도 아닌데 어떻게 이런 큰 변화가 일어난 것일까?

바로 점주가 감사하는 마음을 갖게 됐기 때문이다. 그전까지 타인을 가리키며 몰아붙였던 손가락을 자신에게 향하고 "직원, 고객, 그리고 가족……. 나는 정말로 그들을 배려하고 있었던가?"라고 물었던 것이다. 시점을 바꿔서 세상을 바라보자 그의 마음속에 감사의 감정이 싹텄다. 그는 눈에 보이는 것 전부가 기적과도 같은 고마운 일임을 깨달았다.

상인에게 가장 큰 행복은 우수한 인재를 갖는 것이다. 누구보다 타인을 배려하라. 구라모토 조지는 말했다.

"직원은 그 어떤 좋은 대우를 받을 때보다 인간으로서 진심으로 존경받을 때 더 큰 능력을 발휘한다."

**판매에서 중요한 것은
교묘한 접객 기술보다 깊은 상품 지식이며,
말솜씨보다 양심이다.**

잔기술보다 더 열심히 갈고닦아야 할 것

"《성경》에도 《논어》에도 장사를 어떻게 해야 하는지는 적혀 있지 않다. 하지만 《성경》과 《논어》야말로 장사하는 사람에게 가장 중요한 책이다."

구라모토 조지는 동서고금의 책에서도 장사의 지식을 추구했다. 그가 언급한 책 중 하나인 《논어》를 보자. '군자유구사(君子有九思)'는 격동하는 변화 속에서도 자신을 잃지 않기 위한 가르침이다. 그 가르침들은 다음과 같다.

1. 본다(볼 때는 세부적인 부분까지 철저히 본다)

2. 듣는다(이야기를 들을 때는 정확히 듣는다)

3. 안색(표정을 온화하게 유지한다)

4. 태도(행동에 품위를 유지한다)

5. 말(말할 때는 정직하고 성실하게)

6. 일(신중하게 일과 마주한다)

7. 의문(모르는 점이 있으면 질문한다)

8. 분노(화가 나더라도 뒷일을 생각하며 인내한다)

9. 도의(정당한 이익인지 아닌지 선악을 판단한다)

어떤가? 이미 실천하고 있는 건 앞으로도 항상 그렇게 하고, 아직 실천하지 못하고 있는 건 조금이라도 실천할 수 있도록 노력하라. 그런 행위 속에 인간으로서의 성장과 기쁨이 있다.

상인 한 명이 만날 수 있는 상품에는 한계가 있다. 모든 상품에 평등하게 열정을 쏟아붓기는 불가능하다. 그렇기에 가게의 수만큼, 판매자의 수만큼 다른 매장이 존재한다. 이거다 싶은 상품을 만나기 위해서는 축적의 양과 안테나의 높이가 중요하다. 축적해야 할 것은 상품 지식만이 아니다. 경험과 배움, 성공과 실패 등 당신을 형성하는 모든 것을 구사하고, 안테나를 높이 올려라.

**판매 기술보다 친절과 열의를
철저히 추구하는 것이
번창에 더 도움이 된다.**

상품은 팔려고 애쓸수록 팔리지 않는다

상인이라면 누구나 상품을 팔고 싶게 마련이다. 그러나 팔고 싶다고 해서 상품이 팔리지는 않는다. 가게 앞을 그대로 지나치는 사람을 원망스럽게 생각하고, 어쩌다 고객이 아무것도 사지 않고 나가버리면 다음엔 꼭 팔겠다며 주먹을 불끈 쥐지는 않는가?

상품을 팔려는 욕구가 높을수록 고객은 신중해지며 살 마음을 잃어버린다. 그리고 두 번 다시 가게에 오지 않을 것이다. 고객은 상인의 사정에 맞춰서 물건을 사지 않는다.

구라모토 조지는 "판매가 됐다는 건 그 가게에서 사는 것이 좋다는 가게의 메시지를 손님이 받아들였다는 의미다"라고 단언했다. 팔고 싶다면 자신의 사정만을 앞세우지 말고 고객의 처지가 돼야 한다. 어떤 고객의 어떤 상황에 어떻게 도움이 되고 싶은지 생각해야 한다. 고객의 처지에서 생각할 때 당신의 목적도 달성할 수 있다.

'그 사람'이라고 특정할 수 있을 만큼 명확한 고객의 얼굴을 머릿속에 떠올리고, 그 고객이 생활하는 모습을 상상하며, '그 사람'을 위해 상품을 매입하거나 만들어서 가게에 놓아둬라. '그 사람'이 찾아와 "그래, 이런 걸 원했어!"라고 웃음을 띠며 사 간다.

가게를 떠나는 고객을 배웅하는 당신도 만면에 웃음을 띠며, 마음속으로 '기뻐하는 모습을 보니 나도 기쁘네'라고 생각할 것이다. 당신에게는 그렇게 머릿속에 떠올릴 수 있는 '그 사람'이 있는가?

무상함을 알고
자기변혁을 두려워하지 않으며
여기에서 기쁨을 찾아낸다.
변화에 대응하는 것이야말로
상인의 책무다.

장사는 '변화 대응업'이다

가모노 조메이의 수필《방장기》는 이렇게 시작된다.

"강물의 흐름은 끊임이 없으며, 그곳에 이전의 물은 존재하지 않는다. 웅덩이에 떠오르는 물거품은 꺼졌다가는 또 생겨나며, 오랫동안 같은 상태가 계속되지 않는다. 세상의 사람과 거처 또한 이와 마찬가지다."

조메이가 살았던 가마쿠라 시대는 화재와 지진, 굶주림 같은 큰 재난에 휩싸인 시대였다. 그런 고난의 경험을 양식으로 삼아 도달한 '무상(無常)'을 주제로 그는 수필을 썼으며, 후세에 길이 남은 명작이 됐다. 우리가 사는 시대도 재난으로 넘쳐나고 있기에 조메이가 느낀 무상이 옛날이야기나 남의 일로 느껴지지 않는다.

장사도 마찬가지다. 어제와 똑같은 것은 하나도 없다. 어제까지 와준 고객이 오늘도 와주리라는 보장은 어디에도 없다. 무상이야말로 정상적인 상태, 변화야말로 일상이다. 그렇기에 상인은 변화를 두려워하지 않고 변화를 기회로 여기는 마음을 키워야 한다. 장사는 '변화 대응업'이다.

"저희에게 바꿀 수 있는 것을 바꿀 만큼의 용기를 주소서. 바꿀 수 없는 것을 받아들일 수 있을 만큼의 냉정함을 주소서. 그리고 바꿀 수 있는 것과 바꿀 수 없는 것을 식별할 지혜를 주소서."

미국의 신학자 라인홀드 니버가 한 말이다. 상인에게도 용기와 냉정함, 지혜가 필요하다.

눈앞의 손익에 얽매이지 않고
자신의 재능과 덕을 키우며
함께 일하는 사람을 성장시키는 것은
어떤 사업보다 보람된 일이다.

사람만이 사람을 키울 수 있다

"1년의 계획을 세운다면 그해 안에 수확할 수 있는 곡식을 심는 것이 좋다. 10년의 계획을 세운다면 나무를 심는 것이 좋다. 평생의 계획을 세운다면 인재를 키우는 것이 좋다."

중국 고대의 사상서 《관자》에 나오는 '삼수(三樹)의 가르침'이다. 인재의 중요성과 함께 인재 육성이 하루아침에 가능한 일이 아님을 가르쳐준다.

눈앞의 이익에 현혹되지 않고, 100년 뒤를 생각하며 지금 이 순간과 똑같이 미래를 중요하게 여겨야 진정한 상인이다. 구라모토 조지는 "장사란 영원한 것, 미래를 위한 것이라고 생각할 수 있는 사람이 진정한 상인이다"라고 말했다.

그는 인재 육성에 관해서는 "자신을 사랑할 줄 모르는 점주가 직원을 사랑하는 것은 불가능한 일이다"라고 단언했다. 상인에게 가장 큰 행복은 좋은 직원을 두는 것이다. 이를 위해 평생에 걸쳐 재능과 덕을 키워나가라. 이때 상인의 재능은 노력, 성실함, 배려가 뒷받침될 때 비로소 진짜가 됨을 잊지 말아야 한다.

재능과 덕을 양식 삼아, 밑거름 삼아 후계자 또는 함께 일할 동료를 키워라. 사람만이 사람을 키울 수 있으며, 그것은 어떤 사업보다도 어렵고 보람 있는 행위다.

도움이 되고 있다는
자신감을 갖게 하는 것이
직원을 훌륭하게 만드는 첫걸음이다.

인간만이 할 수 있는 장사를 하라

소매점 판매원, 음식점의 카운터 직원, 상점의 계산대 담당 또는 티켓 판매원. AI 연구자인 옥스퍼드대학교 마이클 오즈번 교수가 2013년에 발표한 논문 〈고용의 미래〉에 나오는 직업들이다. 이 직업들은 향후 10년 내에 컴퓨터에 일자리를 빼앗겨 사라질 직업 상위 10위 안에 들었다.

이 논문이 발표된 지 10여 년이 지난 지금, 슈퍼마켓에서도 셀프 계산대가 당연해졌고, 온라인 쇼핑은 오프라인 점포로부터 매출을 빼앗고 있다. 물론 컴퓨터에게 시키는 편이 나은 일도 있다. 단순히 물건을 팔 뿐이라면 그편이 더 효율적이다.

그러나 구매란 단순히 물건만 사는 행위가 아니다. 좋은 구매에는 감동이 있고, 공감이 있으며, 깨달음이 있고, 배움과 놀라움이 있다. 컴퓨터에는 아직 그런 감정을 품을 수 있는 마음이 없다. 인간만이 할 수 있는 장사, 우리가 나아가야 할 길이다.

여기에는 고객의 진심이 담긴 따뜻한 "고맙습니다"라는 말이 반드시 필요하다. 고객의 감사를 받을 때 비로소 자신이 한 일이 고객에게 도움이 된다는 자신감이 생겨난다. 이 경험이 축적될 때 컴퓨터는 불가능한, 감동을 낳는 인재가 육성된다. 구라모토 조지는 "고객이 매번 고맙다고 말해주는 가게가 진짜 가게다"라고 말했다. 직원도 마찬가지여서, 고객이 매번 고맙다고 말해주는 직원이 진짜 직원이다.

**상인에게 가장 큰 행복은
좋은 직원과 함께 일하는 것이다.**

좋은 직원도 나쁜 직원도 당신이 만든다

"돈을 남기고 죽는 것은 하책이다. 사업을 남기고 죽는 것은 중책이다. 사람을 남기고 죽는 것이 상책이다."

의사이자 정치가로서 일본 근대화에 크게 기여한 고토 신페이의 말이다. 메이지유신에 공이 있는 지역 출신이 정부 요직을 독점하던 당시 출세에 불리한 지역 출신이었던 그는 '첫째도 사람, 둘째도 사람, 셋째도 사람'을 신념으로 인물 본위의 등용과 육성에 힘썼다.

그렇다면 사람의 능력을 유감없이 발휘하기 위해선 무엇이 필요할까? 구라모토 조지는 이상과 높은 희망이라고 했다.

"이상을 갖자. 이것이야말로 보람 있는 훌륭한 일이라고 믿고 높은 희망을 품자. 그것이 자신과 타인의 선으로 이어지며 행복으로 연결된다."

경영자는 마지막에 무얼 남겨야 할까? 고토의 말에 덧붙인다면 "뜻을 남기는 것이야말로 최상책이다." 이상과 희망을 바탕으로 하는 높은 뜻이야말로 좋은 직원을 키우는 나침반이 된다.

"한 명의 좋은 직원으로부터 여러 명의 좋은 직원을 키울 수 있는 것도, 그 좋은 한 명을 나쁜 직원으로 만들어버리는 것도 전부 점주의 마음가짐 하나에 달려 있다."

구라모토의 말이다. 혹시 가슴이 뜨끔한가? 당신과 고객에게 행복을 주는 좋은 직원은 좋은 점주 밑에서만 탄생하는 법이다.

인간의 행복을 한없이 추구하고,
장사의 발전에 영원한 희망을 품자

7장

가게의 발견은
사회의 행복이다

진짜 가게는
상인이 돈을 버는 곳이 아니라
고객에게 이익을 가져다주는 곳이다.

장사란 당신이 인생을 사는 모습이다

"시골에 사는 부모님이 평소 장을 보는 데 어려움을 겪고 계신다는 걸 안 것이 계기였습니다."

이동 슈퍼마켓 도쿠시마루의 창업자 스미토모 다쓰야는 이렇게 회상했다.

"어머니는 여든이 넘었음에도 자동차를 몰고 물건을 사러 가야 했습니다. 슈퍼마켓까지 몇 킬로미터나 떨어져 있어서 걸어서는 갈 수가 없거든요. 저희 어머니처럼 장을 보는 데 어려움을 겪는 사람은 앞으로 더욱 늘어날 겁니다."

그의 예상대로 '장보기 난민'은 점점 늘어나고 있으며, 그들은 일상생활을 위협받고 있다.

도쿠시마루는 지역 슈퍼마켓을 거점으로 삼는 판매 파트너의 도움을 받아 신선식품과 가공식품, 일용잡화 등 생활에 필요한 물품을 냉장고가 설치된 경트럭에 싣는다. 현재 전국을 무대로 약 1,200대가 좁은 뒷골목의 길까지 구석구석 돌아다니며 모든 고객과 얼굴을 마주하고 대화를 나누며 상품을 판매한다. 그곳에서는 파는 이와 사는 이의 웃는 얼굴 그리고 마음이 이어진다.

구라모토 조지와 함께 상인을 이끌었던 오카다 도루는 이런 말을 남겼다.

"장사란 당신이 인생을 사는 모습이다. 상인으로서 일하는 당신의 모습에서 부처님이 보였으면 한다."

"눈앞의 이익에 얽매이지 않고 지역이 풍요로워지는 구조를 만들고 싶습니다"라는 스미토모의 뜻을 들었을 때, 나는 이 말을 떠올렸다. 진정한 장사란 상대에게 이익을 가져다주는 데서 시작되며, 지속적으로 행복을 제공하는 일을 사명으로 삼는다.

가게의 크기는 중요한 문제가 아니다.
정말 중요한 것은
그 가게가 옳은가 아닌가다.

당신의 가게가 좁든 넓든 상관없다

규모가 크고 거액을 거래하는 가게가 있다. 반면 적은 자금으로 장사하는 소규모 가게도 있다. 전자를 운영하는 사람은 거상 혹은 호상(豪商)으로 불리지만, 후자를 운영하는 사람이 그렇게 불리는 일은 없다. 규모가 클수록 위대하다는 생각이 자리하고 있기 때문이다.

구라모토 조지는 이런 생각을 단호히 부정했으며, 다음과 같은 시를 남겼다.

넓이는 두 평 남짓
그래서 시선이 닿지 않는 곳이 없네
작은 가게이기에 구석구석까지
고객을 위해 존재하네

차성(茶聖) 센노 리큐가 만들고 현재 국보로 지정된 다실 다이안도 두 평 남짓한 소박한 공간이었다. 손님을 대접하는 리큐의 마음가짐을 정리한 '리큐 칠칙(利休七則)'은 다도의 진수로서 오늘날까지 계승되고 있다.

1. 차는 마시기 좋도록(상대의 기분을 생각한다)
2. 숯은 물을 끓일 수 있도록(준비에 신경을 쓴다)

3. 여름에는 서늘하게, 겨울에는 따뜻하게(오감을 사용해 궁리한다)

4. 꽃은 들판에 있듯이(본질을 간결하게 전한다)

5. 시각은 일찍(평상심을 유지한다)

6. 내리지 않더라도 비에 대비를(예기치 못한 사태를 생각해 놓는다)

7. 손님을 배려하라(꾸밈없는 마음으로 배려한다)

큰 가게라고 해서 반드시 대단한 것은 아니다. 가게가 작고 좁으면 겉과 속이 없이 진심을 다할 수 있다. 당신의 작은 가게에서 겉과 속이 없는 마음으로 리큐 칠칙을 실천해 보라.

가게는
자신의 세계관을 보여주는
장소다.

모든 행위는 장사이며, 상인은 예술가다

"저는 예술가지만 상인이기도 합니다."

현대 예술에서 폭넓게 활약하는 무라카미 다카시의 말이다. 그는 열광적인 팬들의 지지를 받는 반면 상업적이라는 비판을 받기도 하는 인물이다. 그러나 무라카미만큼 작품을 만들 때 보는 이를 의식하고 그들을 기쁘게 하고자 노력하는 화가는 많지 않다. 이것이 비판을 받는 이유 중 하나지만, 내게는 이 점이 그에게 매력을 느끼는 이유다. 모든 행위는 누군가를 기쁘게 하고 싶다는 마음이 중요하기 때문이다.

물물교환을 하는 시장에서 시작된 상거래는 이윽고 상설 가게가 됐다. 일본에서는 가게를 '미세'라고 부르는데, 가마쿠라 시대 말기에는 '미세타나(見世棚)'라고 했다. 즉 '보여주는 진열대'가 어원이다. 이 어원처럼 가게는 '세상'을 보여주는 곳이다. 세상이란 사람이 사는 곳이며, 그곳에서 축적되는 시간이다. 요컨대 가게는 보여주는 이의 세계관을 실현하는 수단이자 삶의 방식을 보여주는 장소다. 단순히 물건과 돈을 교환하는 장소가 아니다.

무라카미의 말을 빌리면, 상인은 예술가여야 한다. 모든 행위는 장사다. 장사는 누군가를 기쁘게 하고 싶다고 바라며 노력하는 행위이기 때문이다. 그 마음은 배려로 이어지며, 배려는 사랑이다. 그렇기에 상인은 본래 예술가다.

고객을 향한
애정과 친절을 가득 채우기에
작은 가게만큼 좋은 곳이 없다.

소중한 사람을 집에 들이는 마음으로 고객을 맞아라

신념 있고 자부심 높은 상인이 돼라. 매출이나 고객 수가 상인의 가치를 결정하진 않는다. 외진 곳이라고 한숨 쉴 필요는 없다. 사람이 적은 등산로에 서 있는 이정표만큼 소중한 게 없듯이, 사람들이 의지하고 신뢰하며 상품을 사는 가게만큼 소중한 곳은 없다.

물을 조금밖에 담지 못하는 찻잔보다 잔뜩 담을 수 있는 드럼통이 더 가치 있는 건 아니다. 크기나 입지로는 가게의 가치를 측정할 수 없다.

구라모토 조지는 좋은 장사와 나쁜 장사를 나누는 기준은 "그곳에서 사랑과 진실을 바탕으로 장사하고 있느냐 아니냐"라고 단언했다. 사랑이란 고객에 대한 배려, 사람으로서 가장 소중한 마음씨다. 진실이란 누구에게나 거짓이 없는 행위이며 자신에게도 거짓말을 하지 않는 삶의 자세다.

크기만 하고 공허한 가게가 고객을 매료시킬 수 있을 리 없다. 수에만 집착할 뿐 고객의 마음을 생각하지 않는 장사는 한때 화려하게 피지만 결실을 보지 못하고 허무하게 시드는 꽃과 같다. 작더라도 진심과 사랑이 가득한 가게야말로 들꽃처럼 아름답다.

가게는 사랑과 진실을 바탕으로 고객의 생활을 행복하게 만들기 위해 온갖 상품을 파는 신성한 장소다. 고객을 가게에 들이는 건 소중한 사람을 집에 맞이하는 일과 같다. 꼭 돈을 들여야 할 필요는 없지만, 늘 청결해야 한다.

무엇을 위해 장사하는지
명확히 파악한다면
누구나 진정한 상인이 될 수 있으며,
그 길은 완만하고 평온하다.

경영자가 고독한 이유는 사업 목적이 모호하기 때문이다

경영학의 석학 피터 드러커는 "사업의 목적은 고객의 창조다"라고 말했다. 사업을 통해서 행복과 생활의 풍요를 느끼는 사람을 늘리는 것. 구라모토 조지가 말한 "가게는 손님을 위해 존재한다"와 공통성을 엿볼 수 있다.

드러커의 '다섯 가지 질문'을 스스로에게 해보자.

1. 우리의 사명은 무엇인가?
2. 우리의 고객은 누구인가?
3. 고객에게 무엇이 가치인가?
4. 우리의 성과는 무엇인가?
5. 우리의 계획은 무엇인가?

경영이념을 생각할 때는 스스로에게 이 다섯 가지 질문을 계속해야 한다. 경영이념이란 고객 창조를 어떻게 할지에 대한 의사 표명이다.

흔히 경영자는 고독하다고 한다. 그건 사업 목적이 모호해서 관련된 사람들에게 전해지지 않기 때문일 뿐이다. 이와 관련해 구라모토 조지는 "무엇을 위해 장사하는지 명확히 파악한다면 누구나 진정한 상인이 될 수 있으며, 그 길은 완만하고 평온하다"라고 말했다.

파는 사람의 처지가 돼서
사는 고객은 없으므로
사는 사람의 처지가 돼서 팔아야 한다.

장사의 철학

고객이 "그래, 이걸 원했어"라고 깨닫게 하라

내가 지금까지 수많은 취재를 해오면서 소중히 여기는 것이 있다. 바로 취재를 통해 서로의 배움을 깊게 하는 일이다. "아아, 저는 사실 이런 생각을 하고 있었군요"라는 말을 들었을 때, 그 취재는 서로에게 의미를 지니게 된다. 겉으로 드러나지 않았던 사고와 의사가 명확해졌을 때, 상대는 큰 만족을 느낀다.

듣고 싶은 것만 취재해서는 완전한 취재라고 말할 수 없다. 진짜로 들어야 할 것은 그 너머, 더 깊은 곳에 있다. 장사도 마찬가지다. 고객이 '나는 이런 걸 원했구나'라고 느낄 때 그 장사는 성공했다고 말할 수 있다. 사람은 자기 자신을 잘 알지 못하는 법이다.

구라모토 조지는 "파는 이의 행복은 사는 사람의 행복을 만드는 것, 이 한 가지다"라고 말했다. 그러니 새의 눈이 되자. 벌레의 눈이 되자. 대상을 새처럼 넓은 시야로 평가하고 분석하는 전문가의 시선을 갖는 동시에, 벌레처럼 지근거리에서 상대의 마음에 다가가 상대보다 더 상대의 기분을 이해하자. 양쪽의 눈을 동시에 갖추면 숨어 있던 생각이나 바람이 보인다.

사는 사람의 처지가 된다는 건 이 두 가지 눈과 마음을 갖추는 것이다. 그럴 때 비로소 고객은 "그래, 이걸 원했어"라고 말해준다.

행복하게 돈 쓰는 방법을
친절하게 알리는 활동을
광고라고 한다.

상대에게 이익이 된다는 점을 성실하게 알려라

광고의 목적은 무엇일까? 광고는 "우리 가게에서 사주세요" "이 상품을 구입해 주세요" 같은 식으로 자신의 사정을 소비자에게 호소하는 행위가 아니다. 광고는 "당신의 생활을 행복하게 만들어줄 물건입니다"라고 알리는 행위다. 상대에게 이익이 된다는 사실을 친절하게, 성실하게, 전문가의 처지에서 알려주는 일이다.

이는 세상에 대한 선행이다. 그렇기에 올바른 광고는 이익을 목적으로 삼지 않는다. 상인의 성실함을 전하고, 그 제안에 공감케 하는 것이 목적이다.

좋은 광고는 상대를 생각하는 마음이 담겼다는 면에서 러브레터와 같다. 구라모토 조지는 "애정, 진실, 양식, 이 세 가지만으로 만들어진 광고에는 다른 어떤 장식도 필요 없다"라고 말했다.

광고의 본질은 '점포 대 고객'으로서 대치하는 게 아니라 '사람과 사람'으로서 같은 방향을 향하며 상대를 행복으로 이끄는 것이다. 고객의 불편, 불만, 곤란함 등을 해결할 방법을 알리는 것이다. 자신을 위해서 '파는' 게 아니라 상대를 위해 '전하는' 것이다.

구라모토는 "광고(廣告)라는 글자가 '행고(幸告)'라는 의미임을 통찰할 때, 그 광고는 진정한 효과를 발휘한다"라고 말했다. 판촉에서 가장 중요한 건 광고란 행복을 알리는 것이라는 확신이다. 어떻게 고객의 관심을 끄느냐가 아니라 어떻게 진실을 잘 전하느냐가 중요하다.

불평을 말하는 고객이야말로
가장 열렬한 단골이
될 가능성이 있다.

고객의 바람은 항상 옳다

"고객은 신입니다"는 본래 엔카 가수 미나미 하루오가 한 유명한 말이다. 그런데 이 말은 그의 의도와는 달리 악질적인 클레임을 정당화하는 방편으로 종종 사용된다. 애초에 고객은 항상 옳은 존재일까?

미국의 스튜 레너드는 점포당 매출액이 세계 최고로 기네스북에 오르기도 한 슈퍼마켓이다. 가게 앞에는 4톤짜리 돌이 놓여 있는데, 다음과 같은 '우리의 방침'이 새겨져 있다.

1. 고객은 항상 옳다.
2. 고객이 틀렸다는 생각이 들면 원칙 1을 다시 읽어라.

반면 완전히 반대의 방침을 내건 곳도 있다. 이탈리아의 식료품점이자 음식점인 이탈리다. 세계 각지에서 이탈리아 음식을 통해 양질의 라이프스타일을 제창하는 이탈리에는 다음과 같은 문장이 적혀 있다.

1. 고객이 항상 옳은 것은 아니다.
2. 이탈리도 항상 옳은 것은 아니다.
3. 우리는 서로의 차이를 통해 조화를 창조한다.

고객과 상인 모두 인간인 이상 실수로부터 자유로울 수는 없다. 이탈리에 적힌 글처럼 어느 한쪽이 반드시 옳은 건 아니다. 그러나 상품을 구매함으로써 행복해지고 싶다는 고객의 바람은 언제나 옳다.

**번창하는 모든 가게가
고객에게 감사받는 것은 아니지만,
고객에게 감사받는 가게는
반드시 번창한다.**

진정한 고객제일주의를 갈고닦는다

최근 10년 사이에 매출을 4배 증가시킨 기업이 있다. 바로 아마 존닷컴이다. 코로나19 팬데믹에 더욱 기세를 높인 아마존닷컴에는 그 원동력이 되는 세 가지 생각이 있다.

1. 항상 고객 중심으로 생각한다.
2. 발명을 계속한다.
3. 장기적인 관점으로 생각한다.

항상 고객 중심으로 생각한다는 고객제일주의는 많은 기업이 내걸고 있는 금과옥조다. 그러나 형식뿐인 고객제일주의도 적지 않다. 아마존 창업자 제프 베이조스도 "입으로는 고객을 말하면서도 결국은 경쟁사를 보며 전략을 결정하는 회사가 많다. 그건 아무것도 발명하지 않은 것과 같다"라고 말했다.

아마존은 늘 발명을 계속하고 있는데, 아마존만 있으면 우리의 생활은 풍요로워질까? 아니다. 인간은 그렇게 단순하지 않다.

그렇다면 어떻게 해야 할까? 항상 다음의 세 가지 관점을 갖길 바란다.

1. 당신이 할 수 있는 일
2. 당신이 하고 싶은 일

3. 당신이 해야 할 일

이 세 가지가 교차하는 곳에 아마존은 할 수 없는 일이 있을 것이다. 구라모토 조지가 제창한 "가게는 손님을 위해 존재한다"는 생각보다 더 오묘하고 다양한 의미를 지닌 말이다. 당신 나름의, 고객에게 감사받는 고객제일주의를 오늘부터 만들어가라.

웬지 마음이 따뜻해지는 가게,
마음이 평온해지는 가게를 만들자.

가게는 그곳에서 일하는 사람 그 자체다

왠지 마음이 따뜻해지는 가게엔 마음이 따뜻한 사람이 있다. 왠지 마음이 평온해지는 가게엔 마음이 평온한 사람이 있다. 왠지 마음이 밝아지는 가게엔 마음이 밝은 사람이 있다. 구라모토 조지는 "가게는 그곳에서 일하는 사람 그 자체다"라고 말했다.

당신은 고객에게 "늘 고맙습니다"라고 말한다. 이와 마찬가지로 고객 역시 "늘 고맙습니다"라고 말해주는 가게야말로 고객을 위한 가게다. 사실 고객은 부끄럼쟁이여서 좀처럼 입으로 말해주지 않는다. 그러나 그만큼 밖에서 당신의 가게를 홍보해 준다.

당신의 가게는 작고 상품의 수도 적을지 모른다. 돈을 잔뜩 들인 듯한 화려함도 없을지 모른다. 위치도 결코 좋지 않다. 그럼에도 "하지만……"이라고 말해주는 고객의 얼굴을 떠올릴 수 있는가? "이 가게엔 날 생각해 주는 사랑이 있어.", "이 가게는 성실해"라고 말해준다면 그 이상 무엇이 필요할까?

이런 사랑이나 성실함은 당신이 평생에 걸쳐 키워내는 것이다. 하루에 한 명, 진심으로 "고맙습니다"라고 말해주는 고객을 만들어라. 그러면 장사는 언제까지나 질리지 않는 보람으로 가득해진다.

사회에 공헌하는 일을 하는 사람으로서

늘 공정하고 공평한 장사를 하자

8장

공정하고 공평한 사회적 활동을 하라

모두가 만족한다는 장사는
사실 아무도 진심으로
만족하지 않는다.

후회 없는 장사의 길을 걸어라

이득에는 세 종류가 있다. 첫째는 고객에게 득인가 아닌가, 둘째는 고객이 소중히 생각하는 사람에게 득인가 아닌가, 셋째는 그들을 포함한 사회 전체에 득인가 아닌가다. 장사의 역할은 1을 2로, 2를 3으로 높여가는 것이다. 단계를 높일수록 당신의 가게에서 고객이 평생에 걸쳐 지불하는 금액은 증가할 것이다.

"그건 너무 이상적인 얘기야. 장사는 현실이라고"라고 말할지도 모른다. 그러나 생각해 보라. 아침에 일어났을 때 왠지 인생이 허무하게 느껴진 적은 없는가? 한밤중에 갑자기 눈이 번쩍 뜨이면서 패배감에 사로잡혔던 적은 없는가? 그건 당신이 좋은 일을 하고 싶어 하면서도 불충분하다고 생각하고 있기 때문이다.

구라모토 조지는 "그런 반성을 하는 사람에게 후회 없는 장사의 길이 열린다"라고 했다. 직원이나 고객과 함께 손을 맞잡고 기뻐하고, 서로의 어깨를 두드리며 위로하고 있는가? 사랑과 진실이 있는 장사를 후회 없이 하고 있다고 말할 수 있는가? 이익을 위해 본래 소중히 여겨야 할 것을 경시하고 있진 않은가?

오해하지 말길 바란다. 돈을 버는 건 절대 죄악이 아니다. 다만 부를 쌓는 방법에 문제가 있진 않은지 스스로를 돌아봐야 한다. 고객 한 명 한 명이 주는 보수는 당신에 대한 감사의 씨앗이다. 장사는 사람들의 생활을 풍요롭게, 즐겁게, 평안하게 만들기 위해 존재한다.

파는 이의 행복은
사는 이의 행복을 만드는 것이다.
번영이라는 큰 나무는
행복이라는 떡잎에서 자라난다.

점주와 고객과 직원은 서로를 뒷받침하는 관계다

식물이 흙이 없는 곳에선 자라지 않듯이, 가게는 장사를 하는 지역에 뿌리를 내린 존재다. 식물이 흙에서 물을 빨아올리고 영양을 흡수함으로써 성장하듯이, 가게 또한 그 지역에 사는 고객들로부터 살아가기 위한 양식과 장사를 계속하기 위한 이익을 얻는다.

그 관계성은 일방적인 것이 아니다. 식물이 뿌리를 뻗어서 균을 키우고, 꽃을 피우거나 열매를 맺으며, 잎을 떨어트려 토양을 비옥하게 만든다. 식물과 흙은 한쪽이 다른 한쪽을 이용하는 게 아니라 서로가 서로를 뒷받침하는 유대로 맺어져 있다. 그 결과 생명이 넘쳐나는 비옥한 토지가 만들어진다. 가게와 지역 또한 그런 따뜻한 관계임을 잊어서는 안 된다.

"기둥에 수레를 달아라."

가게 기둥에 수레를 달아 언제라도 움직일 수 있게 하라는 가훈으로 유명한 오카다 다쿠야도 구라모토 조지가 사랑한 상인이다. 세상의 변화, 고객의 변화에 맞춰 기둥(정책)을 바꿀 것을 강조한 오카다는 소매업이란 지역 산업이자 인간 산업이며 평화 산업이라고 정의했다.

상인과 고객, 점주와 직원이 형제자매 같은 신뢰관계를 형성하는 것이야말로 번창의 출발점이다. 그 증거로, 아무리 큰 나무도 한 쌍의 떡잎에서 자라지 않는가?

올바른 일을 해서
타인에게 기쁨을 주기를 계속하는 것이
상인의 행복이며,
여기에서 사회의 선이 형성된다.

성실함을 장사의 기반으로 삼아라

"병풍과 상인은 올곧으면 서지 못한다."

상인의 올곧지 못한 마음을 야유하는 속담이다. 이러한 상인에 대한 저평가에 대해 사상가 이시다 바이칸은 이렇게 반론했다.

"병풍과 상인은 올곧으면 반드시 선다."

구매를 할 때 고객은 상품과 돈의 거래를 넘어 당신에게서 인간으로서의 아름다움과 성실함을 원한다. 그런 성실함을 소매업의 기반으로 생각하고 사훈으로 내건 상인이 있다. 제2차 세계대전이 끝난 뒤 도쿄 기타센주에 두 평짜리 가게를 다시 열고 나이 차이가 많이 나는 형과 어머니에게서 장사를 배웠던 세븐&아이 홀딩스의 이토 마사토시다.

이 회사가 요카도라는 이름을 사용하던 때, 그의 형은 가게에 "소박한 인생관 + 합리적 경영 = 박리다매주의"라는 간판을 내걸었다. 상품을 팔기 위해 간판을 내거는 건 당연한 일이지만, 당시 경영이념을 적은 간판을 내건 가게는 많지 않았다. '소박한 인생관'이라는 인생철학, '합리적 경영'이라는 경영철학, 그리고 그 실천인 '박리다매주의'가 이 가게의 성실함이었다. 또 '우리의 맹세'에는 "신용에 성실함으로 보답한다"라고 적혀 있었다.

일본 유수의 소매기업이 된 지금도 이 회사의 사훈에는 고객, 거래처, 주주, 지역 사회, 직원에게 "신뢰받는 성실한 기업이고자 한다"라고 적혀 있다.

당신이 오늘 할 일은
단 한 명이라도 좋으니
고객이라는 이름의
친구를 만드는 것이다.

사회의 행복은 한 사람 한 사람의 웃는 얼굴의 총합이다

전략(strategy), 전술(tactics), 표적(target), 군사행동(campaign), 병참(logistics) 같은 군사용어를 일상의 장사에서 당연하다는 듯 사용하고 있진 않은가? 소비자를 공략해 시장이라는 영토를 확대하는 걸 승리로 여기는 발상에서 졸업하자. 인구가 증가하고 경제가 성장하던 시기엔 전쟁을 기본으로 삼은 마케팅이 통했을지 모른다. 매출을 높이기 위해 고객의 기분을 상하게 했더라도 표적은 얼마든지 있었기 때문이다. 그러나 이제, 그런 전략은 더 이상 통하지 않는다.

구라모토 조지는 고객을 종종 친구나 연인에 비유하면서 그들과 마음의 유대를 키우는 것이 진정한 장사라고 역설했다. 친구나 연인은 공략할 대상이 아니다.

당신은 고객을 물건을 써서 없애는 '소비자'라는 범주에 넣고 전부 똑같이 취급하고 있진 않은가? 대량 생산, 대량 홍보, 대량 판매, 대량 폐기 같은 기존 방식으론 물건을 활용해서 살아가려 하는 생활인의 마음을 만족시킬 수 없다. 눈에 보이는 시장을 약탈하는 게 아니라 눈에 안 보이는 한 사람 한 사람의 수요를 창출하라. 한 사람 한 사람의 웃는 얼굴의 총합이야말로 사회의 행복이다. 장사는 사람의 마음에 기쁨을 만들어낸다. 사회에 행복을 늘리고 물심양면으로 생활을 풍요롭게 만든다. 구라모토는 강조했다.

"고객의 행복한 생활을 지키는 것이 상인의 책무이니 매일 하는 일에 자부심을 품으시오."

괴로움에 직면했을 때,
장사란 평생에 걸쳐
사람들에게 행복을 주기 위해 노력하는
고귀한 일임을 떠올리자.

번창은 상인에게 중요한 문제가 아니다

'쓰토메루(つとめる)'라는 일본어가 있다. '근무하다' '소임을 다하다' '힘쓰다' 등을 의미하는 말이다.

'근무하다'는 직업인으로서 일하는 것을 뜻한다. 여기에는 계약이 있으며, 금전을 주고받는다. 자신이 할 수 있는 일을 통해서 생활을 유지하기 위해 노력하는 것이다.

'소임을 다하다'는 '부모의 책무'와 같이 자신이 맡은 역할에 온 힘을 다하는 것을 의미한다. 여기에는 자발성이 있으며, 본질적으로 금전을 목적으로 삼지 않는다. 자신이 해야 할 일을 통해 누군가에게 도움이 되려고 노력하는 것이다.

일, 가정, 지역 사회 등 각각의 장면에서 사람은 '근무하다'와 '소임을 다하다'라는 의미의 쓰토메루라는 행위를 한다. 둘 다 살아가는 데 꼭 필요한 행위이기에 둘 다 '힘쓰는' 것이 중요하다.

구라모토 조지는 "번창은 상인에게 중요한 것이 아니다"라고 단언하고, "진정 중요한 것은 번창에 이르기까지의 정진과 노력이다"라고 말했다.

할 수 있는 일의 수준을 높이면서, 해야 할 일에 의식을 집중하라. 장사에서는 '신중하고 성의 있게 일하기' '절도 있는 노력' '애정 있는 행동'이 중요하다.

돈을 버는 데는 한계가 있지만,
타인과 세상에 도움이 되는 데는
제한이 없다.
상인의 보람은 후자에 있다.

가짜 장사는 오래 지속되지 못한다

진짜 장사란 무엇일까? 구라모토 조지는 이렇게 말했다.

"진짜 장사는 상품 하나를 팔 때마다 고객의 기쁨과 만족이 오래 지속된다. 돈벌이는 상대에게 이런 기쁨과 만족을 줄 수 없다."

'행복'은 인간이 근원적으로 지닌 바람이고, 이를 실현하는 데는 반드시 필요한 세 가지가 있다. 공익성, 시대성, 혁신성이다. 공익성은 세상을 위해, 타인을 위해 공헌하는 것이고, 시대성은 지금 이 시대가 요구하는 니즈를 파악하는 것이며, 혁신성은 항상 변화하는 것이다.

다만 인간은 혼자서 행복해질 수 없다. 행복은 타인과의 관계 속에 있기 때문이다. 관계 맺은 사람들에게 행복을 주고자 노력한 끝에 얻을 수 있는 게 행복이다. 관계 맺은 사람들이란 당신이 장사를 통해 만나는 고객이다. 또한 고객 만족 향상을 목표로 함께 일하는 동료, 거래처다. 나아가서는 장사를 하게 해주는 지역 사회, 지원자들이다. 그들 모두에게 똑같이 기쁨을 주는 것이야말로 진정한 행복이다.

누군가가 불만을 품거나 손해를 보는 장사는 가짜다. 그런 장사는 절대로 오래 지속되지 못한다. 미래를 향해 행복을 추구할 때 비로소 장사는 영속성을 지닌다. 관계 맺은 사람들의 만족이 순간에 그치지 않고 미래에도 지속되도록 하는 것이 우리의 사명이다.

이익은 가게가 사회를 위해 얼마나 공헌했는지를 측정하는 잣대다.

사회에 이익이 되면 편안하게 이윤을 얻을 수 있다

1989년, 전 세계 기업의 시가총액 순위에서 일본 기업이 7개나 상위 10위에 올랐다. 일본 경제의 절정기였다. 그러나 현재 그 순위에 이름을 올린 일본 기업은 하나도 없다.

같은 해, 타이완에서 작은 서점이 문을 열었다. 지금은 '세계에서 가장 멋진 서점'으로 불리는 청핀서점이다. 창업자 우칭유는 15년간 적자를 내면서도 경영이념을 굽히지 않았다. 그가 지켰던 이념은 무엇일까? 그의 생애를 다룬 책 《성품시광(誠品時光)》에 따르면, 그는 이렇게 말했다.

"좋은 경영자는 사업의 근간이 사회의 유익 위에 구축돼야 하며, 기업의 존재가 타인에게 이익이 되지 않는다면 오래 존속할 수 없음을 안다. 그런 까닭에 기업이 이야기하는 '이익'이란 '타인의 이익'이며, 경제적인 이윤만 이야기할 수는 없다. 만약 어느 한쪽을 우선해야 한다면 타인의 이익, 즉 사회의 이익을 먼저 생각해야 한다. 그러지 않으면 기업은 마음 편히 이윤을 얻지 못한다."

일본 천태종의 시조인 사이초는 "나를 잊고 타인을 이롭게 하는 것은 자비의 극한이다"라며 자신의 이익은 뒤로 미루고 먼저 타인을 기쁘게 하는 데 행복이 있다고 말했다. 타인의 이익 너머에 나의 이익이 있는 것이다.

이류 장사꾼은
자신의 이익만 좇으며,
일류 상인은
모든 사람의 이익을 지킨다.

상인이 존재하는 이유를 생각하라

'상인'과 '장사꾼'이라는 말의 차이에 관해 생각해 본 적이 있는가? 이 둘을 명확히 구분해 사용한 상인이 있었다. 일본 유통혁명의 기수로 불린 다이에의 창업자 나카우치 이사오다. 그는 다음과 같이 표현했다.

"상인이란 사회를 바꾸겠다는 원대한 뜻을 품고 장사를 하는 사람이며, 아무것도 없는 곳에서 세상조차 바꿔놓을 새로운 사업을 창조하는 사람이다. 반면 장사꾼은 자기 회사의 이익만 추구하는 사람으로, 사회를 바꿀 새로운 사업을 하려는 뜻이 없다."

1995년 1월 17일 아침 한신·아와지 대지진이 일어났을 때, 다이에는 정부보다 먼저 재해대책본부를 설치했다. 나카우치는 선두에 서서 민간기업의 역할을 크게 넘어서는 집념과 속도로 라이프라인을 사수했다. 그해 봄, 다이에의 신입사원 환영식에서 나카우치는 이런 발언을 했다.

"과거의 머천트(상인)는 실크로드를 걷고 대항해 시대를 경험했습니다. 단순히 물건을 운반하는 게 아니라 문화와 문명을 만들어냈죠. 우리도 머천트로서 단순히 생활필수품을 팔아 이익을 내는 게 아니라 이 나라의 새로운 문화, 새로운 사고방식을 만드는 데 공헌해야 합니다."

대부분이 장사꾼으로 출발하고 여기에 안주한다. 상인으로 향하는 험난한 길을 나아가려고 노력하는 사람은 한 줌에 불과하다.

풍성한 열매를 맺는 좋은 나무는
뿌리를 가늘게 뻗으며,
태풍에도 흔들리지 않는 높은 나무는
뿌리를 깊게 내린다.

장사에도 가늘고 깊은 뿌리가 필요하다

"10엔을 써주는 고객을 소중히 여기십시오."

매일 조례 시간에 직원들에게 이렇게 말한 상인이 있었다.

"1,000엔을 써주는 고객도 중요하지만, 10엔을 써주는 고객 100명에게 기쁨을 주면 그만큼 기쁨이 커집니다."

그래서 이 가게에서는 파 하나, 계란 한 알, 유부 한 장을 사러 온 고객을 소중히 여겼다고 한다.

이 가게에는 매일 아침 문을 여는 동시에 기름 한 홉(약 180밀리리터)을 사러 오는 할머니가 있었다. 항상 여성 직원 한 명이 기름의 양을 재서 팔았는데, 아무래도 시간이 걸릴 수밖에 없었고 할머니도 미안해하는 눈치였다. 그래서 직원은 전날 밤에 미리 기름 한 홉을 따로 담아놓았다가 아침에 할머니가 오면 인사와 함께 건넸고, 할머니는 굉장히 기뻐했다고 한다. 이 가게에서는 매일 아침 이런 풍경을 볼 수 있었다.

어느 날 아침, 할머니가 가게에 왔는데 그 직원이 보이지 않았다. 다른 직원에게 물어보니 결혼을 계기로 퇴직했고, 다음 날 아침에 고향으로 돌아간다고 했다. 다음 날 아침, 문을 열기 전부터 가게 앞에서 기다리고 있었던 할머니는 밤새 뜨개질한 레이스를 다른 직원에게 주면서 신신당부했다.

"이걸 결혼 축하 선물로 전해주고, 건강에 주의하라는 말도 함께 전해주시게."

장자는 "양수세근(良樹細根), 고수심근(高樹深根)"이라는 말을 남겼다. 많은 열매를 맺는 좋은 나무는 뿌리를 가늘게 뻗고, 태풍에도 흔들리지 않는 높은 나무는 뿌리를 깊게 내린다는 의미다. 장사에도 가늘고 깊은 뿌리가 필요하다. 고객 한 명 한 명을 성실하고 친절하게 대하라.

가게는 행복을 키우는 나무다.
점주에게도 직원에게도 고객에게도
거래처에도 행복이라는 과실을 맺는다.

번창이라는 과실은 씨앗 한 톨에서 시작된다

잘 자란 나무는 가지 하나하나에 꽃을 피우게 마련이다. 우리도 고객 한 명 한 명에게 성실함을 다해 기쁨이라는 꽃을 피우자. 구라모토 조지는 "꽃이 피었던 자리에는 열매가 생기며, 번창이라는 과실 속에는 이익이라는 씨앗이 들어 있다"라고 말했다. 그 씨앗에서 또 싹이 나서 나무로 성장해 꽃을 피우는 것이 자연의 섭리다.

물론 모든 꽃이 열매를 맺지는 못한다. 열매를 맺더라도 비바람을 맞고 떨어지는 과실도 있다. 그렇다 해도 좋은 나무는 꽃을 피우기를 멈추지 않는다. 어떤 경우에도 몇몇 꽃은 열매를 맺고, 열매에서 다음으로 이어지는 씨앗이 나온다. 그리고 그 씨앗 하나가 무수히 많은 꽃과 열매를 만들어내는 날이 찾아온다.

구라모토는 장사도 마찬가지라고 했다. 씨앗을 남기기 위해서는 고객에게 도움이 돼야 한다는 신념을 분명히 가져야 한다. 그런 씨앗 한 톨만 있다면 어떤 환경에 놓이더라도 장사를 계속할 수 있다.

또한 식물을 키우기 위해 비료를 줘서 토양을 개량하듯이, 장사에도 비료가 필요하다. 그 비료는 뜻을 같이하는 직원, 거래처와 함께 공부하고 힘과 지혜를 모으는 것이다.

상인이 계속 공부해야 하는 이유는 바로 여기에 있다.

장사가 문화를 촉진한다는 신념 아래
항상 경영 합리화의 책임을 자각하자

9장

문화를 위해 합리적으로 경영하라

**상인의 성실함은
번창으로 증명되며,
상인의 지혜가 얼마나 깊은지는
그 이익으로 측정할 수 있다.**

장사의 철학

숫자 감각과 깊은 지혜가 이익을 가져온다

구라모토 조지는 "숫자를 보지 않고 경영하는 건 연료계나 고도계 없는 비행기를 조종하는 것과 같다"라며 숫자의 중요성을 강조했다. 숫자가 경영의 중요한 지표임은 말할 필요도 없다. 단독 비행이라면 몰라도 고객, 직원, 거래처라는 소중한 동승자의 생명을 떠맡은 경영자에게 숫자 감각이 없는 건 용납되지 않는다.

다만 구라모토는 "숫자 이상으로 중요한 것이 있다"라고 단언했다. 숫자 관리란 인체의 골격이나 혈액의 양, 체중의 기록과 같다. 단순한 해부 결과에 불과하다. 해골에 살을 붙이고 혈액을 순환시킨들 생명이 깃들지 않는다. 해부만으로는 생명의 신비를 알 수 없듯이, 숫자만으로는 경영의 온갖 실태를 알 수 없다. 눈앞의 손익을 초월한 깊은 지혜가 필요하다.

구라모토가 사랑한 제자이자 더스킨의 창업자인 스즈키 세이이치는 '기도하는 경영'을 평생에 걸쳐 추구한 상인이다. 스즈키는 이익을 "기쁨의 거래에서 만들어지는 것"으로 정의했다. 더스킨의 경영이념이 자신에 대해서는 "손해의 길과 이익의 길이 있다면 손해의 길을 걸을 것", 타인에 대해서는 "기쁨의 씨앗을 뿌릴 것"이듯이 고객의 기쁨을 제일로 삼는 경영을 철저히 추구했다.

숫자의 중요성을 이해하되 그 한계를 알아야 한다. 숫자에 얽매여 잘못된 방향으로 나아가서는 안 된다. 성실한 장사를 할 때 비로소 번창이 찾아오며, 깊은 지혜가 이익을 가져다준다.

돈을 많이 번 상인이 훌륭한 게 아니다.
번 돈을 어떻게 쓰느냐가
그 상인의 평가를 결정한다.

상인이 얻은 이익은 고객이 전한 감사의 표시다

이익을 어떻게 사용하는지 보면 그 사람의 본질이 드러난다. 모든 이익을 자기 몫으로 가져갈 수도 있지만, 장사가 사회를 위한 것이라면 좀 더 고객을 위해 사용하지 않겠는가? 구라모토 조지의 표현에 따르면, 상인에게 이익이란 고객에게 받은 감사의 표시다. 돈을 벌었다면 상인으로서 사회에 공언했다는 증거다.

시즈오카현 아타미시에서 행상으로 출발해, 화재로 가게가 전소됐음에도 도매상에 대금 지급을 철저히 한 부부가 있다. 당시 외상 장사와 리베이트가 횡행했던 아타미시는 '일본에서 제일 물가가 비싼 도시'로 불렸고, 이곳 사람들은 생활에 어려움을 겪었다.

야오한 상점의 와다 료헤이와 와다 가쓰 부부는 고객들을 위해 현금 정찰 판매를 단행했다. 모든 고객에게 같은 가격으로 판매하고 현금 거래만 함으로써 이익을 고객에게 환원하는 방법이었다. 기존의 상거래 습관을 바꾸는 일은 결코 쉽지 않다. 그러나 부부는 옳은 일을 하기에 두려울 건 없다는 생각으로 저축을 헐어가며 1년여간 계속했다. 총매출이 1퍼센트만 높아지면 흑자를 낼 수 있는 상황이 왔을 때 가쓰는 남편에게 가격을 1퍼센트 올리자고 제안했다. 그러자 료헤이는 놀랍게도 가격을 1퍼센트 내렸다.

"오랫동안 장사를 해오면서 그때 처음으로 고객에게 고맙다는 말을 들었어요"라고 당시를 회상하는 부부에게서 나는 진정한 상인의 모습을 봤다.

**최상의 서비스는 값이 비싸다.
이를 알 때 비로소
염가 판매에 대항할 수 있다.**

고객이 그 가격을 신뢰하게 할 용기가 있는가?

경쟁점보다 좋은 상품을 취급하려면 그런 상품을 갖추려는 '노력'이 필요하다. 경쟁점과 같은 상품을 더 싸게 팔면서도 이익을 내려면 철저하게 낭비 없는 경영을 하는 '인내'가 필요하다. 다른 가게보다 비싸게 팔기 위해서는 그 가격을 고객이 인정해 주리라고 믿는 '용기'가 필요하다. 그러나 경쟁점보다 품질 좋은 상품을 팔려면 용기만으로는 부족하다. 무엇이 최상인지 알기 위해 남다른 노력을 기울여야 한다.

무엇이 최상인지 알려고 노력하자. 그것에 담긴 가치의 고귀함을 이해하자. 그 이해 없이 다른 가게와 가격 경쟁을 하면서 일희일비한들 장사는 성장하지 못한다. 가치를 누구보다 잘 이해했을 때 비로소 고객에게 지속적으로 그 가치를 전하자는 각오가 생겨난다.

가짜가 판을 치는 가운데 고객에게 진짜의 가치를 알게 하려면 노력이 필요할 것이다. 그리고 이를 이루면 마음속은 성취감과 장쾌함으로 가득해진다. 상인의 기쁨은 그런 곳에 있다.

"진정한 상인에게는 문화성이 있어야 한다"라고 말한 구라모토 조지는 장사를 돈벌이의 방편으로 보지 않았다. 그는 장사란 생활이나 문화를 풍요롭고 즐거운 것으로 만들기 위해서 하는 일이라고 강조했다. 상인의 가치와 기쁨은 고객에게 기쁨을 주는 것에 있다.

돈으로 진짜 우정을 살 수 없듯이,
염가 판매로는 고객과 가게의 유대가
형성되지 않는다.

불만을 만족으로, 불편함을 편리함으로, 불신을 신뢰로 바꿔라

이익은 당신을 위한 것이 아니다. 고객을 위해 장사를 더욱 좋게 만들 밑천으로 고객으로부터 맡은 것이다. 이익이란 고객에게 받은 신뢰의 증표이며, 사회에 대한 공헌도를 나타낸다. 구라모토 조지는 "이익의 확보야말로 상인이 해야 할 책무다"라고 강조했다. 이익을 밑천으로 사람들의 생활을 풍요롭게 만드는 일이 상인의 역할이다.

그러려면 어떤 기업이든 계속 이익을 내야 한다. 돈을 벌지 못하면 역할을 다할 수 없기 때문이다. 그렇기에 적자인 기업은 경시되고 성장하지 못하면 죄악으로 여겨진다.

중요한 건 어떻게 이익을 만들어내느냐다. 많은 가게가 일시적인 매출액에 눈이 멀어 안일하게 가격을 내린다. 대부분은 지나치게 낮은 이익률을 감내하다 외부 환경의 작은 변화조차 견디지 못하고 무너진다.

고객이 품는 불만, 불쾌함, 불편함, 불신, 불안감 같은 '불'을 해소하기 위해 노력하라. 불만을 만족으로, 불쾌함을 쾌적함으로, 불편함을 편리함으로, 불신을 신뢰로, 불안감을 안심으로 바꾸면 여기서 가치가 생겨난다. 진정한 이익은 새로운 가치를 창조함으로써 얻을 수 있다. 이때 우리는 고객으로부터 "고맙습니다"라는 감사의 말을 들으며, 그 보상으로 이익을 얻게 된다.

자신의 편의를 위한
효율화에 매달려서는 안 된다.
철저히 고객 우선의
합리적인 장사를 하자.

장사의 철학

효율화와 합리화, 어느 쪽을 추구해야 할까?

제1차 세계대전 당시 전쟁 지역에서 벗어나 있던 일본은 수출이 급증해 호황을 맞이하면서 수많은 벼락부자를 탄생시켰다. 그런데 전쟁이 끝나고 대공황이 찾아왔고, 날아가는 새도 떨어트릴 기세였던 기업이 "천만의 부를 부채로 바꾸며 몰락했다." 식품 회사인 신주쿠 나카무라야의 창업자 소마 아이조가 그의 책 《한 명의 상인으로서—소신과 체험(一商人として一所信と体験)》에 쓴 내용이다.

소마 본인은 세상이 투기로 과열돼도 주식에 손을 대지 않았기에 급락으로 손해를 보는 일은 없었다. 반대로 원료 가격이 상승해 고통받을 때도 평화가 돌아올 것을 믿으며 원료비를 줄이지 않았다. 항상 가장 좋은 품질의 원료를 사용했기에 단골손님이 늘어나 결국 번영을 손에 넣을 수 있었다. 소마는 이를 성실과 인내의 결과라고 표현했다.

우리는 평소에 일할 때 '효율화'라든가 '합리화'라는 말을 별 생각 없이 사용한다. 그러나 '효율화'는 자신의 편의를 위한 것이고, '합리화'는 고객을 우선해 섭리에 맞추는 것이다. 그리고 섭리란 모든 것에 통용되는 법칙 혹은 존재 방식을 의미한다. 마음이 있는 상인이라면 어느 쪽을 추구해야 할지는 굳이 말할 필요도 없다.

장사는 이익을 내기 위한 것이 아니다. 무엇보다 먼저 고객의 생활이나 문화의 향상에 공헌하는 방향으로 나아가야 한다. 소마의 장사는 이것이 지극히 합리적임을 가르쳐준다.

불경기일수록 고객은
진지하게 상품을 산다.
고객의 소망에 부합하는 한
당신의 가게에 불황은 없다.

불황은 고객의 신뢰를 쌓을 좋은 기회다

불경기가 되면 고객의 기준이나 요구가 높아져 호황일 때처럼 상품이 간단히 팔리지 않는다. 이는 세상의 상식이다. 그러나 구라모토 조지는 "팔리지 않는 것을 불황의 탓으로 돌리지 마라"라고 경고하고, "행복한 상인은 언제라도 장사에 몰두할 수 있다. 그렇다면 불황일 때도 상인의 행복은 반드시 존재한다"라며 상인의 책임과 의무를 자각해야 한다고 호소했다.

또한 "불황일 때야말로 소비자에게 이익을 줌으로써 이 가게가 우리의 가게라고 믿게 할 좋은 기회다"라고 했다. 불황에는 분명히 물건을 팔기 어렵다. 그러나 그럴 때일수록 고객에게 최선을 다한다면 가게의 이름을 팔고 신용을 사는 건 그리 어려운 일이 아니다.

고객이 괴로울 때는 가게도 함께 괴로워하라. 불황일 때야말로 고객의 버팀목이 될 절호의 기회다. 역경이야말로 상인을 강하게, 그리고 상냥하게 만든다. 어떤 때든 번창은 고객과 함께 당신의 가게를 찾아온다. 혼자서 오는 일은 절대로 없다.

"손님 한 명의 기쁨을 위해 성실함을 다하고, 손님 한 명의 생활을 보호하기 위해 손익을 잊는다. 그런 인간으로서의 아름다움이야말로 우리 소매점 경영의 모습으로 삼아야 한다."

오카다 도루가 남긴 말은 한 권의 시집으로 정리돼서 지금도 수많은 상인을 격려하고 그들이 나아가야 할 길을 제시하고 있다.

장사란
서로 사랑하는 관계를 만드는 행위이며,
서로에게 고맙다고 말할 수 있는
유대를 형성하는 일이다.

모든 고객은 단골이 되기를 희망한다

당신이 하는 일은 사실 지극히 단순하다. 당신의 일은 '이 가게로 오길 잘했어'라고 만족하는 고객을 만드는 것이고, 고객이 '당신이 있기에 인생이 즐거워요'라고 느끼게 하는 것이다. 그런 고객을 하루에 단 한 명이라도 만들면 된다. 구라모토 조지는 "모든 고객은 당신 가게의 단골이 되기를 희망한다"라고 단언했다.

그러나 고객은 당신의 입맛대로 상품을 사주지 않는다. 당신이 팔려고 할수록 고객은 살 마음을 잃고 두 번 다시 가게를 찾아오지 않을 것이다. 구라모토가 말하지 않았던가.

"파는 것은 고객과 마음을 연결하는 행위다."

고객 이상으로 고객을 생각하라고 강조한 구라모토처럼, 스티브 잡스도 이런 말을 했다.

"좀 더 고객에게 접근하라. 고객이 아직 깨닫지 못한 니즈를 말해줄 수 있을 정도로 집착하라."

시대를 가르는 혁신적인 상품을 속속 발명한 이 기업가는 실천을 통해 구라모토의 주장을 증명했다. 그런데 왜 우리는 그렇게 되지 않는 걸까? 구라모토는 "상인으로서 아직 부족하기 때문이다"라고 지적했다. 성실하고 친절하지만 고객이 느끼지 못하는 이유는 "지식이나 기술에 부족함이 남아 있기 때문이다." 확실한 지식과 기술이야말로 고객과 서로 사랑하는 관계를 만들고, 유대를 형성하며, 고객과 당신을 이어주는 다리다.

앞으로 장사는 '감동 창조업'으로서
돈으로는 살 수 없는 가치를 창조하는
어려운 일이 될 것이다.

상인은 마음과 물질을 동시에 취급하는 드문 존재다

애정, 배려, 진심, 성실함……. 이런 가치는 돈으로 살 수 없기에 가격을 매길 수 없다. 당연히 판매하는 가게도 없다. 사람의 선한 마음만큼 가치 있는 건 존재하지 않는다. 그렇기에 목사나 승려 같은 성직자가 존경받는 것이다.

다만 성직자는 마음만 취급하는 데 비해 진짜 상인은 마음과 물질을 함께 취급하는 드문 존재다. 상인은 금전으로 매매할 수 있는 상품에 돈으로 매매할 수 없는 마음을 곁들여서 팔 수 있다. 물건을 파는 일은 그 자체를 통해서 문화에 공헌하는 행위다. 장사는 사람의 마음을 편안하게 하며 생활을 기쁘고 즐겁게 만든다.

물론 쉬운 일은 아니다. 그러므로 우리는 지식과 기술, 용기와 끈기를 키워야 한다. 구라모토 조지라면 그렇기에 보람이 있다고 말할 것이다.

또한 금전은 계산이 가능하지만 신용은 금액으로 나타낼 수 없다. 그 관계는 물질과 정신의 관계를 닮았다. 신용이라는 돈으로는 살 수 없는 가치야말로 고객이 바라는 것이다. 그런 의미에서 지금이야말로 장사는 '감동 창조업'이라는 본래의 역할로 돌아가야 할 때다. 성실함과 배려라는 덕의 뒷받침이 없는 장사는 진짜가 아니다. 장사는 어렵지만 보람 있는, 성스러운 직업이다.

어떤 고객의 어떤 상황에
어떤 도움이 될지를
고객보다 더 깊고 진하게 생각한다.
그것이 판다는 행위다.

고객도 모르는 고객의 니즈를 파악하기 위해 궁리하라

에도 시대의 풍속화가 우타가와 히로시게는 이런 말을 남겼다.

"본 것을 똑같이 사실적으로 그린 것은 그림이 아니다. 필의(筆
意, 그리는 사람의 감정)를 더해야 비로소 그림이 된다."

히로시게의 대표작인 〈도카이도 53역〉 시리즈의 완결판은 교
토의 산조대교를 묘사한 작품이다. 그 강렬하고 인상적인 풍경
은 실제로는 있을 수 없는 구도라고 한다. 그럼에도 보는 이의 마
음에 남는 이유는 사실을 초월한 필의가 담겨 있기 때문이다.

히로시게가 말하는 필의는 장사에도 통용되는 개념이 아닐까
싶다. 고객이 바라는 상품을 그대로 제공하는 건 당연한 장사다.
누구나 할 수 있는 일이므로 가격이 차별화의 요인이 되기 쉽다.
고객 자신이 인식하지 못하는, 말로는 표현하지 못하는 마음속
에 숨겨진 니즈를 파악하라. 궁리 끝에 그것을 구체적으로 제시
하는 일이 상인의 본래 책무다. 상품에 상인의 진심을 곁들이는
것, 그것이 필의와 같은 경지이지 않을까?

그러려면 풍부한 상품 지식과 상품 조달 능력이 필요하며, 단
련이 요구된다. 간단한 일은 아니다. 그러나 구라모토의 말을 빌
리면 "그곳에 상인의 기쁨이 있으며 장사의 참맛이 있다."

고객을 향한 애정은

100개의 광고,

1,000개의 마케팅 전략보다 훌륭하다.

가족을 사랑하듯이 고객을 사랑하라

구라모토 조지는 말했다.

"올바른 장사는 강한 진실로 빛나는 애정 위에 서 있어야 한다."

가정에서 가족을 사랑하듯이, 가게에서 고객을 사랑하라. 함께 일하는 동료를 사랑하고 자기 자신을 사랑하며 존중할 때, 그 장사는 온화한 미소와 신뢰로 가득 차게 된다. 자애로운 부모의 주위에 아이들이 모여들듯이, 가게는 신뢰와 기쁨에 눈을 반짝이는 고객들로 북적인다.

가족이나 친척만 사랑할 수 있다고 말하는 사람이 있을지 모르지만, 낯선 여행자도 친절하게 돌보고 똑같이 사랑하는 것이 진정한 사랑이다. 구라모토는 "친척에게 가격을 깎아주는 게 당연하다면 처음 온 고객, 먼 곳에서 온 고객, 어디 사는 누구인지도 모르는 고객에게도 동등한 친절함과 배려를 다하는 것이 옳다"라고 했다.

요컨대 365일, 상대가 누구든 공정하게 배려하고 친절하게 판매하는 것이야말로 장사의 본래 모습이다. 고객을 부추기는 광고나 기만하는 상술은 일절 필요 없다.

상인으로서 평생에 걸쳐 매일 후회 없는, 상대를 경시하지 않는 생활을 하라. 부모로서 자녀에게 "나는 훌륭한 상인이었단다"라고 자신 있게 말할 수 있는 상인을 목표로 삼아라. 상인의 행복은 여기에 있다.

진정한 장사의 길은 인간으로서 올바르게 살고자

최선을 다하는 것임을 깊게 인식하고 자긍심 높게 살자

10장

올바르게 사는 상인으로서 자긍심을 가져라

구매라는 행위는
상인을 신임한다는 증표이며,
지갑 속의 지폐는
좋은 상인을 선택하는 투표권이다.

구매는 자기실현이자 자기표현이다

우리는 구매를 통해 제품이나 서비스를 손에 넣는다. 이는 단순히 상품과 화폐를 교환하는 경제 행위가 아니다. 어떤 때는 자기실현을 위한 행위이고, 또 어떤 때는 자기표현의 수단이기도 하다. 구매는 인간이 자신다움을 표현할 수 있는 창의적인 행위다. 그렇기에 우리는 누구에게서 사는가, 무엇을 사는가, 어디에서 사는가, 그리고 무엇을 위해서 사는가를 진지하게 생각해야 한다.

구라모토 조지는 "구매란 상인에 대한 신뢰와 기대의 표명이다"라고 말했다. 신뢰할 수 있는 상대에게서 구입하면 자신은 물론이고 관계된 사람들에게 행복을 가져다준다. 오늘날에는 소비가 '응원'이나 '공감' 또는 '윤리'라는 문맥에서 이야기되는데, 우리는 구매라는 행위를 통해 좋은 상인을 선택할 권리가 있다. 좋은 상인이란 고객은 물론 직원, 거래처, 지역 사회의 이익을 지키고 미래를 내다보면서 현재를 생각할 수 있는 사람이다.

그런 장사를 향해서 한 걸음이라도 더 앞으로 나아가라. 당신이 평생에 걸쳐 걸어갈 가치가 있는 여정이다. 그때 생겨나는 매출은 당신에 대한 신임의 증표이며, 이익은 당신이 지향하는 미래에 대한 기대의 표현이다.

구라모토는 말했다.

"봉사를 주인으로 삼을 때 번창이 다가오며, 이익을 주인으로 삼으면 번창은 멀어진다."

인생도 장사도 깊게 파고들면
배려에 도달한다.

상인으로서 아름다운 인간의 마음을 추구하라

함께 올바른 장사를 위해 노력하는 '스승과 제자이자 존경과 신뢰로 맺어진 동지.' 구라모토 조지와 이런 관계였다고 표현할 수 있는 상인 부부가 있다. 체인스토어 니치이의 초대 사장인 니시바타 유키오와 그의 아내 니시바타 하루에다. 구라모토는 이 부부를 두고 "정신의 아름다움, 신념에서 우러나오는 강인함은 헤아릴 수 없을 정도였다"라고 평가했다.

1972년, 오사카의 상업시설에 화재가 발생해 음식점에서 110여 명이 목숨을 잃은 적이 있다. 화재가 시작된 곳은 니치이가 입주해 있었던 층으로, 그때 매장은 개장 공사를 진행하는 중이었다. 화재의 원인은 전기공사 관계자의 담뱃불로 생각됐지만 원인이 정확히 판명되지 않아 보상을 받지 못했다. 그러자 니치이는 먼저 유족에게 거액의 위로금을 보냈다.

구라모토는 이런 글을 남겼다.

"니시바타는 자신에 관해서는 매사에 지극히 엄격해 과실이 조금이라도 있어서는 안 된다고 말했다. 하지만 타인에 관해서는 배려심이 한없이 깊었다. 매사에 그런 성품이었다."

니치이는 니시바타 유키오가 세상을 떠난 뒤 마이칼이 됐다가 파산해 이온에 통합됐다. 그렇다고 이 부부의 공적이 빛이 바래지는 않는다. 우리는 이 자애롭고 진실한 상인이 추구했던, '인간의 아름다운 마음'으로 가득한 장사의 길을 계승해야 한다.

용기가 곤란을 이기고,
인내가 불황을 극복하며,
지혜가 가게를 번창시키고,
애정이 번창을 지속시킨다.

불황을 만나지 않은 가게는 대성하지 못한다

불황일수록 고객은 열심히 구매하려 한다. 그러므로 그 마음에 다가가는 한 당신의 가게에 불황은 찾아오지 않는다. 모든 가게가 같은 상황인데 유독 고객에게 지지받는 가게가 있기 마련이다.

"불황을 만나지 않은 가게는 영원히 대성하지 못한다. 불황은 상인으로서 성장할 기회이기 때문이다."

구라모토 조지의 말이다. 그리고 이때 필요한 건 어려움을 극복할 용기이며, 불황을 견뎌낼 인내력이다. 불황일수록 지혜를 짜내라. 구라모토는 "지혜가 가게를 번창시키고 애정이 번창을 지속시킨다"라고 했다.

《한비자》에는 "수주대토(守株待兔, 나무그루를 지켜보며 토끼를 기다린다)"라는 말이 나온다. 한 농부가 베어낸 나무의 그루터기에 부딪혀 죽은 토끼를 보고는 같은 행운이 또 일어나기를 기대하며 일도 하지 않고 매일 나무그루만 지켜봤다. 농부는 결국 밭농사를 망쳐서 사람들의 웃음거리만 됐다. 우연한 행운을 기대하며 기존의 방식이나 습관을 고집하는 한 당신의 장사는 대성하지 못한다.

어느 시대든 한 치 앞은 캄캄한 암흑이다. 우리는 앞날을 내다볼 수 없다. 이를 핑계 삼아 생각하기를 그만두고 행동하지 않는 상인이 있다. 그들은 진정으로 고객을 위해 장사를 해왔을까? 고객을 위해서 장사해왔다면 역시 불황에 허덕이는 고객을 위해 할 수 있는 일을 찾아낼 수 있다. 상인의 보람은 그런 것이다.

매일 한 가지씩 나쁜 버릇을 고치자.

그러면 더 나은 상인이 될 수 있다.

장사를 통해 당신의 행동을 갈고닦아라

니시바타 하루에는 1922년 어느 정토종 사찰의 큰딸로 태어났다. 제2차 세계대전이 일어나기 전에는 초등학교 교사로 아이들을 가르쳤지만, 전쟁이 끝난 뒤에는 학교를 떠나 남편 유키오와 함께 행상으로 재출발했다. 그리고 1950년, 오사카에 한 평 반 넓이의 옷가게 하토야를 열었다.

하루에는 가게의 인재 육성 담당자로서 다시 교육에 힘쓴다. 다음은 부부가 매일 조례 시간에 복창하며 직원들과 공유한 맹세다.

인간 마음의 아름다움을 장사의 길에 살려
열심히 고객의 생활을 지키고
고객의 생활을 풍요롭게 만드는 것을
우리의 긍지와 기쁨으로 삼아
매일의 생활에 정진하겠습니다

주목할 것은 마지막에 나오는 "매일의 생활"이라는 말이다. 이 부부에게 장사는 생활 그 자체였다. 불교인이었던 하루에게는 장사 속에 행(行)이 있는 것이 아니라 행 속에 장사가 있었다. 장사를 통해 인간성을 갈고닦는 것이 지극히 당연한 일이었다.

하루에는 "우리는 번뇌구족(煩惱具足)의 범부의 집단입니다"라는 말도 했다. '번뇌'란 초조함, 슬픔, 시샘 등 몸과 마음을 어지럽히는 욕망이고, '구족'은 갖춰져 있다는 뜻이다. 그것이 인간임을 자각하고 노력과 배움을 거듭해 번뇌를 떨쳐내는 수밖에 없음을 가르쳐주는 말이다.

상인이란 매일의 장사를 통해 한 구석을 비추는 존재다. 오늘 가게 문을 열 때, 감사로 시작하라.

장사의 철학

무언가를 이루고자 하는 상인은
반드시 수단을 찾아내며,
아무것도 하고 싶어 하지 않는 상인은
반드시 핑계를 만들어낸다.

장사의 철학

무언가를 이루는 과정에 당신의 행복이 있다

'책방에서 잡지를 사듯이 부담 없는 마음으로 패션을 살 수 있는 가게'로서 '어떤 곳보다 일찍, 대량으로 판매한다.'

아버지로부터 지방의 작은 양품점을 물려받은 야나이 다다시가 지향했던 새로운 장사의 형태다. 그는 1984년 히로시마 시내에 새로운 가게를 열었다. 지금은 일본뿐 아니라 전 세계에서 2,400개가 넘는 점포를 운영하는 유니클로다.

"새로운 시도를 열 번 하면 아홉 번은 실패한다"라는 말처럼, 야나이의 장사는 도전을 계속하며 그 속에서 실패에서 배우는 과정이었다.

"머리가 좋다는 말을 듣는 사람일수록 계획이나 공부에만 열을 올릴 뿐 결국 아무것도 실행하지 않는다"라는 그의 말을 우리도 되새겨야 한다.

일을 좋아하지 않는다면 상인이 아니다. 낭만이 없다면 상인이 아니다. 용기가 없다면 상인이 아니다. 도전하지 못한다면 상인이 아니다. 인내가 없다면 상인이 아니다. 발견이 없다면 상인이 아니다. 그리고 변화에 대응하지 못한다면 상인이 아니다.

찰스 다윈은 이렇게 말했다.

"가장 강한 종이 살아남는 게 아니다. 가장 지적인 종이 살아남는 것도 아니다. 가장 변화에 잘 적응한 종이 살아남는다."

구라모토 조지는 말했다.

"당신이 무언가를 이루고자 한다면 반드시 수단을 찾아낼 수 있다."

당신의 행복은 그 무언가를 이뤄내는 과정에 있다.

배려가 전부다.
따뜻한 매출도 아름다운 이익도
전부 그 안에 있다.

장사의 철학

이익의 원천이 무엇인지 잊지 마라

먼 옛날, 한 사내가 극락과 지옥을 견학하러 갔다. 먼저 지옥에 갔더니 마침 저녁식사 시간이어서, 죄인들이 식탁에 마주 앉아 있었다. 호화로운 요리가 산더미처럼 쌓여 있는데, 어째서인지 죄인들은 모두 비쩍 마른 모습이었다. 그들은 1미터나 되는 긴 젓가락을 사용해 음식을 입으로 가져갔지만, 제대로 먹을 수가 없었다. 어떤 이는 화를 내고 어떤 이는 옆 사람이 집은 요리를 빼앗으려고 하는 등, 그야말로 지옥이었다.

이어서 사내는 극락으로 향했다. 역시 저녁식사 시간이어서, 식탁에는 산해진미가 놓여 있었다. 극락의 주민들도 1미터짜리 긴 젓가락을 사용했지만, 다들 포동포동하고 피부에 윤기가 흘렀다. 지옥과 다른 점은 긴 젓가락으로 음식을 집어서 맞은편에 앉은 사람에게 먹여주고 있었다. 웃으며 "고맙습니다"라고 인사한 상대는 역시 맞은편에 앉아 있는 사람의 입에 음식을 가져다줬다.

마음가짐 하나로 지옥도 될 수 있고 극락도 될 수 있음을 가르쳐주는 〈석 자 세 치의 젓가락〉이라는 법화(法話)다.

장사는 이익이 없으면 성립하지 않는다. 그러나 이익을 목적으로 삼을 때, 우리는 물 한 방울도 얻지 못하고 지옥의 죄인으로 떨어진다. 눈앞에 있는 사람, 즉 고객의 행복을 제일로 여기는 배려를 발휘할 때 양식을 얻고 극락의 주민이 될 수 있다. 배려라는 이타심이야말로 장사의 진리이며 이익의 원천이다.

100만 명에게
물건만 파는 잘나가는 가게보다
몇 안 되는 고객에게
진심을 파는 가게가 더 위대하다.

당신이 팔고 있는 건 단순한 상품이 아니다

"상품 라인업도 충분치 않습니다. 가격도 싸지 않습니다. 서비스도 부족합니다. 그래도 오직 한 가지, 진심만은 사주십시오."

1년에 한 번은 꼭 신문에 이런 전단지를 넣었던 상인이 있다. 수퍼마켓 체인 요크베니마루의 창업자 오타카 요시오다. 후쿠시마현 고리야마시에 위치한 일곱 평 정도의 작은 식료품점이었을 때부터 이곳은 높은 평당 매출액으로 유명했다.

한 번은 구라모토 조지가 그가 판매하는 모습을 지켜봤는데, 고객의 주문에 따라 몇 종류의 엿을 봉투에 담아 팔고 있었다. 구라모토가 물었다.

"미리 봉투에 담아놓으면 지금보다 판매 효율이 5배는 높아지지 않을까요?"

그는 떨떠름한 표정을 지으며 답했다.

"그렇게 하면 고객이 물건을 사는 즐거움이 반으로 줄어들지 않을까요?"

구라모토는 이 일화를 소개하면서 "오타카 요시오라는 상인의 정성을 봤다"라고 술회했다.

오타카는 물건을 많이 팔기보다 구입하는 고객에게 즐거움을 주고자 했다. 설령 매출이 줄어들더라도 그편이 자신이 지향하는 장사의 목적에 부합한다고 확신했던 것이다.

당신의 가게는 무엇을 파는가? 상품인가, 아니면 진심인가?

살아가는 기쁨과
장사 행위가 일치할 때
비로소 상인은 삶의 보람을 느낀다.

장사가 삶의 기쁨이 되게 하라

딱 한 번 만났을 뿐이지만 내게 중요한 사실을 가르쳐준 사업가가 있다.

그의 상호에는 '카르페디엠(carpe diem)'이라는 말이 들어 있었다. 라틴어로 '그날의 꽃을 따라', 영어로는 'seize the day', 즉 지금이라는 순간을 소중히 여기며 살라는 의미다. 구라모토 조지도 "이 한 순간의 축적이 당신의 모든 생애다"라는 말을 남겼다.

그 사업가를 한 번밖에 만나지 못한 이유는 그가 암으로 세상을 떠났기 때문이다. 그가 했던 사업은 환자들이 '되고 싶은 이상적인 자신의 모습'을 사진으로 남기는 일이었다. 암 선고를 받은 그 사업가는 끝이 보이지 않는 치료, 불확실한 앞날, 앞으로 얼마나 더 살 수 있을지 알 수 없는 초조함과 마주하면서 창업을 했다.

"사진이라는 도구를 내일을 향한 희망의 양식으로 만들고 싶었습니다. 사진을 통해 고객의 '지금'에 다가가고 싶었습니다. 그들이 사진을 보고 각자의 일상에 희망을 느끼는 걸 목표로 삼았습니다."

이것이 그의 사업철학이며, 삶의 기쁨이었다. 삶의 기쁨과 장사가 일치할 때 비로소 상인은 삶의 보람을 느낀다. 그 사업가는 목숨을 건 노력을 통해 그런 인생을 살았다.

소상(小商)은 인연을 만나도 깨닫지 못하고,

중상(中商)은 깨닫지만 인연을 살리지 못하며,

대상(大商)은 옷깃만 스친 인연조차도 살린다.

장사는 사람으로 시작해 사람으로 끝난다

당신에게 고객은 당장의 이익을 얻기 위한 수단인가, 아니면 밝은 미래를 함께 만들기 위해 가치관을 같이하는 친구인가?

경쟁자가 아니라 고객에게 집중하라. 장사에서 가장 중요한 존재는 고객이다. 여기에 독자성의 원천이 있으며, 밝은 미래가 있다. 같은 업계의 경쟁 상대를 신경 쓰기보다 당신의 가게를 찾아오는 고객에게 집중하라. 고객에게 중점을 둘 때 밝은 미래를 발견할 수 있다.

구라모토 조지는 "장사의 본질은 한 사람 한 사람에게 판매하는 행위에 있다"라고 말했다. 이때 팔리는 수나 양보다 매매의 내용을 소홀히 여겨서는 안 된다. 수나 양을 생각하기에 앞서 파는 이와 사는 이의 마음의 교류를 잊지 말아야 한다.

고객은 두 종류로 나뉜다. 이미 당신에게서 상품을 구입한 적 있는 현재 고객과 아직 만나지는 못했지만 만나야 할 인연이 있는 미래 고객이다. 장사란 현재 고객과의 인연을 깊게 하고 미래 고객과의 인연을 연결해 나가는 행위다.

"소재(小才)는 인연을 만나도 인연임을 깨닫지 못한다. 중재(中才)는 인연임을 깨닫지만 인연을 살리지 못한다. 대재(大才)는 옷깃만 스친 인연조차 살린다."

에도 시대 초기의 검술가 야규 무네노리가 남긴 가훈이다. 장사도 인연을 살릴 때 비로소 번창의 길을 걸을 수 있다.

상인의 행복은
많은 고객이 찾아올 때가 아니라
많은 고객이 찾아오도록
사랑과 진실을 다할 때 깃든다.

상인의 행복은 타인에 대한 선의와 노력에 있다

상인이란 장사를 통해 타인의 마음에 기쁨과 편안함, 따뜻함, 온화함, 풍요로움을 만들어낼 수 있는 존재다.

시즈오카현의 작은 미용실 몰티가 이동 미용실을 시작한 계기가 있다. 단골손님이었던 할머니가 갑자기 미용실에 모습을 보이지 않았다. 이야기를 들어보니 건강이 악화돼 특별 요양시설에 들어가셨다고 했다. 매달 미용실을 찾아와 머리 다듬기를 즐겼던 할머니가 슬퍼하시지는 않을까 걱정이 됐다. 점주는 단 한 명의 손님을 위해 미용실로 개조한 자동차를 구입해 신규 비즈니스를 시작했다.

그러나 요양시설은 새로운 외부 업자를 받아들이지 않았다. 점주는 이동 미용실 영업에 최선을 다했지만, 반년이 지났음에도 한 건의 계약조차 따내지 못했다. 미용실의 이익은 전부 이동 미용실의 적자를 보전하는 데 사용됐고, 이런 상황이 5년이나 이어졌다.

그러다 법 개정으로 규제가 완화되면서 전기가 찾아왔다. 민간도 특별 요양시설을 개원할 수 있게 되면서, 경쟁 시설과 차별화를 위해 새로운 서비스의 도입이 시작된 것이다. 덕분에 이동 미용실 사업은 궤도에 올랐다. 단 한 명의 할머니를 위해 시작한 사업이 결실을 맺은 것이다.

장사란 타인에게 선의를 베풀고 최선의 노력을 하는 일이라는 자각이 있을 때, 상인은 비로소 행복해질 수 있다.

맺음말

가게 덕분에
마을 사람들의 생활이 달라졌습니다

상인은 세상을 바라보며 사회를 바꿔가는 존재다

"가게는 손님을 위해 존재한다."

이 한 문장이야말로 구라모토 조지의 사상의 본질임을 이해했으리라 생각한다. 이 문장이 소매업뿐 아니라 모든 사업에 관여하는 자의 사명임을 전하고 싶다는 마음이 이 책을 집필한 동기다.

가게란 무엇일까? 일본에서는 가게를 '미세'라고 부르는데, 본래는 미세의 한자로 '店'이 아니라 '見世'를 사용했다. 세상(世)의 변화를 보고(見) 고객의 마음의 변화를 느끼는 것. 이것이 가게에서 장사를 하는 사람의 책무다. 상인은 가게를 통해 시대의 변화를 꿰뚫어보고 변화에 과감히 대응해왔다. 가게는 사업 활동이며, 당신이 하는 일 그 자체다.

그런데 어느 날 일본에서 '가게[見世]'의 역사가 사라졌다. 모든 것이 불타버린 제2차 세계대전 이후의 물자 부족 시대, 마음을 곁들일 필요 없이 물건만 팔아도 돈이 됐고 장사꾼들은 손님의 약점을 이용해 돈을 벌었다. 그들의 머릿속에는 부에 대한 욕심 밖에 없었다. 이어지는 고도 경제 성장 시대에는 편하게 돈을 벌려고 효율화를 성급히 추구했고, 어느덧 상인은 세상도 사람도 보려고 하지 않게 됐다.

그러나 영원히 계속되는 것은 없는 법이다. 고도 경제 성장은 과거의 기억이 됐고, 우리는 빠르게 변화하는 사회와 경제에 휩쓸려 길을 헤매고 있다. 역사를 돌아봐도 이런 변화는 거듭해서 일어난다.

그렇기에 우리는 다시 세상의 변화와 사람을 지켜봐야 한다. 그리고 이때 필요한 좌표가 바로 '가게는 손님을 위해 존재한다.' 임을 구라모토는 우리에게 전하고 떠났다.

외국으로 눈을 돌리면, 매니지먼트의 피터 드러커, 마케팅의 필립 코틀러, 경쟁 전략의 마이클 포터 같은 경영학의 거인들도 가르침의 기점에 고객을 뒀다. 드러커는 기업의 목적으로 '고객 창조'를 내걸었고, 코틀러는 "마케팅은 고객을 잘 이해하는 데서 시작된다"라고 말했으며, 포터는 "고객을 기쁘게 하는 것이 자본주의의 진수다"라고 강조했다. "가게는 손님을 위해 존재한다"는 이들 석학의 명언을 그들보다 먼저 제창한 것이라고 해도 과언이 아니다.

'가게'는 사업 그 자체이며, '손님'은 당신이 사업을 통해 도움이 되고자 하는, 기쁨을 주어야 하는 대상이다. 고객, 직원, 거래처, 지역 사회, 출자자 등, 손님은 다양한 얼굴을 지니고 있다. 그들을 만족시키는 것이 장사의 책무다.

이기적인 생각을 고집하는 일부 상인은 상품이 팔리지 않는 것을 외부의 탓으로 돌린다. 불황이어서, 강력한 경쟁자가 생겨서, 상권이 작아서, 날씨가 나빠서, 고객의 질이 좋지 않아서, 직원이 무능해서 등등 타인을 탓하기만 할 뿐 자신을 돌아보려 하지 않는다.

고객은 당신을 위해 상품을 사지 않는다. 상품이 팔리는 건 고객이 그것을 자신을 위해 활용하고 싶어 하기 때문이다. 장사에 경쟁이 있다면 그것은 고객에게 더 도움이 되기 위한 경쟁뿐이다. 그런데도 상인은 고객이라는 사람을 보는 것을 잊어버렸다.

장사의 성과가 오르지 않는 것을 타인의 탓으로 돌리며 원망하기 전에, 세상의 변화와 사람을 보길 바란다. 그리고 스스로 변하길 바란다. 변하기 위해 공부하길 바란다. 공부하지 않으면 세상도 사람도 보이지 않는다. 공부함으로써 본래의 장사로 돌아가자.

상인이 변하면 장사가 변하고, 장사가 변하면 고객도 변한다. 고객의 기쁨과 감사가 당신의 인생과 장사에 기쁨을 가져다준다. 상인은 세상을 바라보며 사회를 바꿔나가는 역할을 맡고 있다. 이

것이 구라모토가 평생에 걸쳐 전하려 한 메시지였다.

구라모토는 1982년에 세상을 떠났다. 그 후 찾아온 버블기에는 수많은 기업이 주식이나 땅 투기에 열중하며 돈을 긁어모으는 데 혈안이 됐다. 소매업자는 자신을 유통업자라고 부르며 상인의 본래 사명인 고객 한 명 한 명에게 작게 파는 것의 중요성을 망각했다.

그 결말은 모두가 아는 그대로다. 수많은 기업이 거품처럼 사라졌다. 가게는 손님을 위해 존재한다는 사실을 경시했을 때, 가게는 허무하게 멸망하고 만다.

구라모토는 그의 책《구라모토 조지 단사집(倉本長治短詞集)》에 〈진정한 가게〉라는 시를 남겼다. 만약 그가 몇 년만 더 살아서 버블기의 광기를 목격했다면 어떤 지적을 했을지 생각할 때 많은 것을 암시하는 글이다.

'가게 덕분에
마을 사람들의
생활이 달라졌습니다'
라는 인사말을 듣는
가게야말로 진정한 가게다.

물론 고객 한 명을 진심으로 기쁘게 하는 일이 얼마나 어려운

지는 말할 필요도 없다. 그러나 그 행위야말로 상인의 책무이며 기쁨이다. 상인은 늘 고객에게 "고맙습니다"라고 말하지만, 고객으로부터 "고맙습니다"라는 말을 듣는 장사를 추구할 때 비로소 구라모토가 말하는 '진정한 가게'가 될 수 있다.

새로운 고객을 만나기 위해서도, 고객에게 오랫동안 사랑받기 위해서도, 고객에게 만족을 제공해야 한다. 그러나 만족은 이윽고 당연한 게 된다. 끊임없이 향상을 지향할 때 만족은 감격이 되고, 감격은 감동을 부르며, 감동의 끝에 "고맙습니다"라는 감사가 있다.

좋은 상인일수록 고민하고, 고민하는 상인일수록 공부한다

다음은 구라모토가 오랫동안 주간을 맡았던 잡지 《상업계》가 지향한 상인상이다.

- 가게는 고객을 위해 존재함을 자각하고 실천하는 상인
- 오랜 폐단에 얽매이지 않고 새로운 상업을 창조하려는 상인
- 고객을 진심으로 사랑하고, 고객으로부터 진심으로 사랑받는 상인

내가 이 책을 통해 전하려고 한 상인의 모습이기도 하다. 나는 《상업계》에서 배운, 구라모토를 비롯한 선배들의 이념을 이어받

아 그 불이 꺼지지 않도록 계속 노력하는 걸 사명으로 삼고 있다. 이제 그 잡지는 없어졌지만, 그 역할에는 변함이 없다.

이 책은 구라모토가 남긴 방대한 저서를 엮은 12권의《구라모토 조지 저작 선집(倉本長治 著作選集)》, 구라모토의 큰아들로서 아버지의 이념을 계승한 구라모토 하쓰오의 저서, 구라모토와 인연이 있었던 상인들이 남긴 저서, 그리고 내가 배움을 얻은 상인과 그들의 저서, 나의 취재 경험을 바탕으로 썼다.

이 책을 쓰는 일은 나의 공부와 능력이 부족함을 자각하는 행위였으며, 한편으로 수많은 가르침을 얻는 여정이었다.

구라모토는 "좋은 상인일수록 고민하며, 고민하는 상인일수록 공부한다"라고 말하고, 고민이 많을수록 공부해서 성장할 수 있다고 격려했다. 나도 책 속에서 만나는 구라모토에게 격려받으면서 길을 헤매지 않고 여기까지 왔다.

이 책이 여러분의 일과 인생에 조금이라도 도움이 된다면 참으로 행복하겠다.

가게는 손님을 위해 존재하고,
직원과 함께 번창하며,
주인과 함께 사라진다!

상인들의 스승이 전하는 10계명

장사의 철학

제1판 1쇄 발행 I 2026년 1월 15일
제1판 2쇄 발행 I 2026년 1월 30일

지은이 I 사사이 기요노리
옮긴이 I 김정환
펴낸이 I 하영춘
펴낸곳 I 한국경제신문 한경BP
출판본부장 I 이선정
편집주간 I 김동욱

주　　소 I 서울특별시 중구 청파로 463
기획편집부 I 02-360-4556, 4584
홍보마케팅부 I 02-360-4595, 4562　FAX I 02-360-4837
H I http://bp.hankyung.com　E I bp@hankyung.com
F I www.facebook.com/hankyungbp
등　록 I 제 2-315(1967. 5. 15)

ISBN 978-89-475-0227-6　03320